胡慎之的心理课 2

重建亲密关系

胡慎之——著

天地出版社 | TIANDI PRESS

图书在版编目（CIP）数据

重建亲密关系 / 胡慎之著 . —成都：天地出版社，
2022.7（2022.8 重印）
（胡慎之的心理课）
ISBN 978-7-5455-7060-1

Ⅰ.①重… Ⅱ.①胡… Ⅲ.①人际关系学—通俗读物
Ⅳ.① C912.11-49

中国版本图书馆 CIP 数据核字（2022）第 064921 号

CHONGJIAN QINMI GUANXI

重建亲密关系

出 品 人	杨　政
作　　者	胡慎之
责任编辑	霍春霞
封面设计	仙境设计
内文排版	冉　冉
责任印制	王学锋

出版发行　天地出版社
　　　　　（成都市锦江区三色路 238 号　邮政编码：610023）
　　　　　（北京市方庄芳群园 3 区 3 号　邮政编码：100078）
网　　址　http://www.tiandiph.com
电子邮箱　tianditg@163.com
经　　销　新华文轩出版传媒股份有限公司

印　　刷　玖龙（天津）印刷有限公司
版　　次　2022 年 7 月第 1 版
印　　次　2022 年 8 月第 2 次印刷
开　　本　880mm×1230mm　1/32
印　　张　8.25
字　　数　180 千字
定　　价　59.80 元
书　　号　ISBN 978-7-5455-7060-1

序言

亲密关系，要爱，更要投入

我听过这样一个故事：在一个寂静的夜晚，一对老夫妻在睡觉。忽然，老头咳嗽了两声。老太太听到后立即起身，到外面柜子上拿了水和药，递给老头。老头起身，接过杯子服下药，接着睡下。其间，全程没有开灯。这种默契可能正是很多人特别想要的，这就是真正的亲密关系的表现。

我们所指的亲密关系，大部分来自母爱。母爱是亲密关系的范本，其中有两个很重要的因素：第一，我不说，妈妈也知道我需要什么；第二，在我有需要的时候，她会及时给予回应。这就是亲密关系带给我们的感觉。

我遇到过一位女性。她是一个非常漂亮、身材非常好的女孩，但她总是和不同的陌生异性发生性关系。她不一定能记住和她发生过性关系的男性的外貌，有时候甚至连他们的名字都不记得。她不觉得有人会真正喜欢她，但她想证明有人理解她，她就这样陷入恶性循环。她说："我已经和那么多男人发生性关系了，再也没有一个人会真正喜欢我、爱我了。"但是，当有人和她讨论她跟别人发生性关系那一刻的感觉时，她又说："我很享受。他会全身心地关注我，回应我说的话，有种你中有我、我中有你的感觉。"有时候，人们称这种亲密关系为"爱情"，但亲密关系和爱情是有区别的。我们经常说的灵魂伴侣就是一种亲密关系，而爱情是另一种感觉。

我在心理咨询过程中遇到过另一个案例。一位男性三十多岁，英俊潇洒，事业有成。他不断地换女朋友，一两个月就要换一个，以至于被别人称为渣男。当他说他换了很多女朋友的时候，我没有感觉到他很开心，相反，感觉他极度失落。我对他说了一句"你其实很孤独"，他就蹲在那里说："我渴望能和一位女性建立起真正的亲密关系，把我的很多东西分享给她。我希望有一个人能够看穿我内心的孤独，真正懂我。但是我越来越发现，她们并不是喜欢我这个人。她们不是喜欢我的外貌，就是喜欢我的钱。我没办法对她们展现我的脆弱。"

我们需要一段亲密关系，实际上是为了应对孤独。现代人不缺朋友，不缺社交，可以认识各式各样的人，但似乎越来越孤独。这是因为，我们有了更多的选择，不愿意花时间去真正看见别人，或者说我们太在意自己的感受，更希望别人能够看见自己。我们都不完美。我们觉得自己不完美时，就容易认为我们无法拥有一段真正的亲密关系。这就是现代很多人无法建立亲密关系的根本原因。它违背了建立亲密关系的主要原则：展现真实性、完整性。

也许有人对亲密关系感到非常困惑。我在这本书里回答了一些问题：亲密关系是什么？亲密关系有哪些形式？我们如何更好地表达自己？家人之间能不能更亲密？是不是人和人之间即使再亲密，也应该有边界？

此外，我还会讲如何重建亲密关系。亲密关系是我们幸福生活的主要来源。《追风筝的人》的封面上有这么一句话："为你，千千万万遍。"在亲密关系中，如果我们能为对方千千万万遍，那么我们一定会感到特别幸福。

当你真正关注一个人、真正看见一个人，感受到那个人心里有你时，亲密关系就建立了。这本书可能会颠覆你对亲密关系的认知，你能从中学习到更多简单有效的重建亲密关系的方法。我们需要知道的是：任何亲密关系的建立都需要我们用心和投入。

2021 年 11 月 18 日

目录
CONTENTS

第一章　亲密关系：你的家在滋养你，还是在损耗你

第二章　情绪表达：家人间的影响与共情

第三章　相处界限：守好自己与家人间的边界

第四章　两性：夫妻关系是家庭关系的核心

第五章　稳固重建：收获持续的幸福

1

亲密关系:
你的家在滋养你,还是在损耗你

你的家是垃圾场，还是蓄水池

垃圾场和蓄水池，一个会损耗我们，一个会滋养我们。这是我们对两种完全不同的家庭氛围的感受和体会，同时也是我们价值观的一种表达。

电视剧《都挺好》里的苏家，对女主角苏明玉来说就是一个垃圾场。家里的每一个人，从父母到兄长，都没有给过她该有的关爱。她想报强化班考清华，父母不愿意出钱；她工作不顺，没人问候一句；她受伤住院，家里都没人来看她。她很讨厌这个家，甚至不想回去。她感觉她和家里人都格格不入，无法融在一起。

蓄水池则相反。水是万物之源，地球上大部分生物都需要水的滋养。如果家对于我们来说是一个蓄水池的话，这就意味着我们在里面能感受到爱意的流动，我们跟其他家庭成员的关系是和谐的，我们对这个家是有价值的。每次回家，都是对我们身心的滋养。我们可以很放松、很惬意地休息，不需要担心会有麻烦事来打扰自己。

我们都不希望自己生活在垃圾场里，都希望自己的家是个蓄水池。那么，什么原因令我们把家看成垃圾场呢？

一种情况是，我们在心理上把家里的其他成员都看成累赘，认为他们没有自理能力，一切都需要依靠我们的帮助。

一位女性来访者曾经和我分享说，她感觉在生活中，很多时候只有自己一个人，身边没有一个帮手。虽然家里有妈妈、丈夫和孩子，但每次遇到问题时，她只能一个人处理。我问她："为什么你会这么认为？"她回答我，她的妈妈经常会因为一些小事埋怨她，丈夫每天回到家只会坐在沙发上玩手机，根本不理她，孩子经常把家里搞得一团乱。回家对于她来说并不是一件值得高兴的事，反而让她觉得很沉重，很抗拒。遇到困难，想寻求帮助时，她不仅没有人可以依靠，还要去安抚妈妈、鼓励丈夫和教导孩子。

很显然，她身边并不是没有人帮忙，她有三个亲人，只是她把他们都看成生命中的累赘。她自己就像个保姆，每天回家还要为他们善后。后来，我问她："难道他们对你没有一丝贡献，没有为你的生活提供一点儿便利吗？"

她说："有的。妈妈在的话，能帮我照顾孩子，我可以放心去工作或和朋友聚会。老公可以帮家里赚钱，天气冷了有个人睡在身边，可以取暖。孩子虽然有时很调皮，但看到我累了，会帮我按按肩。"听到她的回答，我对她说："从这个角度来思考，感觉无论是妈妈、丈夫，还是孩子，都对你有贡献。为什么你把他们当成累赘呢？或许你可以尝试换一种方式去看待他们，他们对你的生活是有贡献的，而不是单纯的拖累。"

当她尝试这么做后，她惊奇地发现，原来妈妈的唠叨可以给自己带来一种温暖的感觉，丈夫坐在一旁用手机处理事务可以给自己带来踏实的感觉，而孩子的捣蛋可以给家庭带来生气。这个家其实很有温度，它并不是垃圾场。

另一种情况是，把自己看成别人的累赘，自己把家里变成垃圾场。

新闻经常报道，有些老人喜欢把垃圾堆在自己的房子里，甚至放在过道上，妨碍了他人的通行。如果叫他们把垃圾处理一下，丢掉不需要的东西，他们会勃然大怒，指责物业管理人员的不是，甚至把已经清除的垃圾找回来放在原处。很多年轻人不明白他们为什么要这样做。这些老人可能把自己看成垃圾了。他们在潜意识中觉得自己年纪越来越大了，对别人来说没有价值了，就跟垃圾一样。把他们家里的垃圾扔出去，就等于把他们扔出去，他们会很害怕。

还有一种情况是，家里的环境或卫生状况堪忧，我们把家看成垃圾场。

人是环境动物，周遭的一切摆设都会引起我们情绪的变化。如果我们的家非常漂亮，采光很好，地板没有脏东西，我们的心情就会变得很愉悦。如果家里脏乱不堪，到处是垃圾、蜘蛛网，我们的心情就会受到影响，我们会觉得这个家令人讨厌。

我有位来访者，她跟丈夫有个很有趣的比赛——看谁忍不住先收拾家。我问她："为什么你们会想到进行这样一个比赛？"她说因为丈夫的一句话。她的丈夫说："你是女人，为什么不去收拾家？"她很生气，反驳他说："凭什么要女人收拾！我也要上班，我也有自己要做的事，我跟你挣的钱差不多，而且家是我们两个人的，凭什么就我一个人收拾，你不收拾！"两个人因为这件事产生了激烈的争吵。

我问她："你家现在是什么样子的？你进门第一眼看到的是什么？那时候你的第一反应是什么？"她说："我一进门就会看到地上乱七八糟的鞋子，感觉很烦躁、很嫌弃。我越往里走，这种情绪越强烈。特别是当我走进洗手间，看到脏兮兮的洗手台上全是丈夫刮胡子的泡沫时，我再也绷不住了。我会直接去指责丈夫，问他为什么不收拾一下。"

听到她这么说，我又问她："那你什么时候觉得心情比较愉悦？"她认为是在办公室的时候。因为办公室里有绿植，氛围不错，每个人的办公桌都是干净整洁的，所以她每次走进办公室都感到心情愉悦，甚至有时宁愿待在公司，也不想回家。我提议：

"你更喜欢干净整洁的地方，这跟你现在家里的情况有很大区别。你们两个人能否共同为这个家做些改变呢？"

后来有一天，她终于忍不住对丈夫说："我们这样争下去没有意义。要不我们约法三章，一起花两个周末的时间收拾一下家？"在收拾家的过程中，他们一边聊着往事，一边整理房间，两个人的关系慢慢变好了，争吵少了，彼此相处更融洽了。

总的来说，家是在损耗我们，还是在滋养我们，更多取决于我们自己对家的定义。同时，在一个家中，家庭成员是联结在一起的，每个人对家的认知都有可能影响其他家庭成员的情绪。如果我们从心底里认为家是一个不好的或者让我们厌恶的地方，这种想法会反映在我们的一言一行上，家庭成员之间就容易出现消极和对抗式的沟通，家庭氛围会跟着进一步恶化。如果反过来，当我们对家重新定义的时候，也许家就会从垃圾场变成蓄水池，我们就可以在里面得到滋养，家庭成员之间的互动会是良性的、充满爱意的，家庭氛围会跟着变好。

谁是家里最需要照顾的人

一部叫《孔雀》的电影讲述了二十世纪七八十年代一个中国家庭发生的故事。在这个家庭里，老大是个患有轻微脑疾的男孩，因为智力上有障碍，他无法很好地照顾自己，所以父母都更倾向于照顾他，把最好的东西给他。他轻而易举地获得了父母的关心和疼爱，导致弟弟妹妹对他这个哥哥颇有微词。他们不喜欢哥哥，甚至还想拿老鼠药毒死他。

从这部电影中我们可以发现，家庭中如果有一个人总是被照顾，可能会导致其他家庭成员产生心理负担和怨气。另一方面，对于被照顾者，这种照顾不一定是好事。

家庭中谁是最需要照顾的人呢？

第一种，得到家庭资源最多的人。我们可以发现，有时候在家里被宠的那个人是被赋予最大希望的人，比如能光宗耀祖、改变整个家族的命运或完成父母未了心愿的人。国学大师季羡林老师说过一句话，大意是：我可能为社会创造了很多，但对家人几乎没有任何贡献，家人一直在为我妥协。在中国家庭里，性别期待导致男孩更多地成为这样的人。

第二种，家里贡献最大的人。很多丈夫在外面一力担当，回到家就成了那个最需要照顾的人。比如，他因为工作很辛苦，当他回家后，全家人都会压低声音，给他创造一个安静的环境，让他休息。休息时，他一有需要，其他家庭成员马上就会去满足他。因此，我们经常会听到一些妻子抱怨自己的丈夫像个巨婴，事事都需要照顾，可能就是因为他在某方面对家庭的贡献最大，所以大家都围着他转。

有时候，孩子也会成为对家庭贡献最大的人。他可能会被赋予维系父母之间的关系或实现父亲或母亲自我价值的使命，通常这样的贡献是被动的。孩子一旦被赋予这样的使命，就会变成家里最需要照顾的人。

第三种，家里最强势的人。我有一位三十多岁的女性来访者，她的爸爸是一个喜怒无常的人，很喜欢插手她的事情，包括工作方面和感情方面。虽然表面上是爸爸在照顾女儿，但真正被照顾的是爸爸。她的爸爸一发脾气，所有人就会附和他，满足他的需求。

家里最强势的人往往容易令其他家庭成员产生沮丧、挫败或害怕的感觉。基于这种情况，其他家庭成员就会顺从他，照顾他的感受，给他一种可以掌控一切的感觉。

第四种，家里最弱势的人。我们如果攻击家里最弱势的人，就会产生愧疚感。所以，当家里有一个人总是以弱势的姿态出现时，所有的家庭资源就都会向他倾斜。比如，家里如果有一个弱势的妈妈，她经常不开心、不舒服，其他人就总会想着去照顾她。因为当你不去照顾她的时候，你就会有种愧对于她的感觉。

这四种类型的人在家庭中总是需要被照顾，不管这种照顾是其他家庭成员自愿的还是被迫的。这种家庭动力就在无意识中形成了。

这样的照顾对家里那个总是需要被照顾的人会有什么样的影响呢？

第一，可能会成为被照顾者成长的阻力。被照顾者因为长期受到别人的照顾，没办法自我觉察，无法自主自立。

第二，可能令被照顾者处于出事—被照顾—出事的循环中。家庭动力结构会变成这样一种重复的状态：被照顾者因为出事得到了其他家庭成员的照顾，他在潜意识中为了再次得到别人的照顾，可能会选择再次出事。这样不断地反复，就会形成一种循环，而其他家庭成员就会被迫陷入这种循环，没办法抽离。

第三，可能会激发被照顾者的无用感。当一个人的所有事都需要别人帮忙时，他就会产生一种羞耻和无用的感觉，认为自己对家人或家庭没有贡献。当他听到其他家庭成员窃窃私语时，他会下意识地认为对方是在说他，整个人变得特别敏感，还会恐慌，害怕因为自己无用而被其他家庭成员抛弃。

第四，可能会剥夺被照顾者的价值感。长期的照顾会让被照顾者产生一种"自己是个累赘"的想法。比如，很多在溺爱中长大的孩子很自卑，觉得自己没有价值，处处依赖他人，自己是一个累赘。

第五，可能令被照顾者不被其他家庭成员真诚对待。被照顾者会在有意无意中利用自己的强势、所做的贡献或者弱势、痛苦来得到其他家庭成员的照顾，而照顾者很难真诚地对待被照顾者。因为照顾者心里可能有怨气，只是不敢表达出来。这会让整个家庭陷入一种无法坦诚沟通的状态，家庭成员之间只是维持着表面和谐。

如果家里有一个需要被照顾的人，你就需要投入大量的资源去帮助和陪伴他，这会让你觉得很累。我们该如何改变这样一种家庭状态呢？怎样做才合理呢？

首先，我们需要思考，被照顾者是否真的需要被照顾。

其次，我们可以尝试停止"喂养"被照顾者。我的一位来访者的哥哥是家里一直被照顾的人，从小备受父母的宠爱。尽管哥哥成年了，但他生活的各方面还需要三个妹妹照顾和接济。每次哥哥一出事，父母就会要求妹妹们去帮助他，这让妹妹们的心里很不好受。

我问她："如果你们停止这种帮助，会怎么样？"

她说："爸爸妈妈会生气。"

我说："你哥哥会怎么样？你们一直帮助他，其实是害了他。你们三个妹妹给他最基本的帮助之后，需要告诉他：'我们只会做到这里，剩下的就靠你自己了。'或许你的爸爸妈妈会很生气，但这才是真正帮助你哥哥的方式，才是真正让他在社会上立足的方式。"

当这位来访者尝试用这种方式对待她哥哥的时候，她发现她哥哥开始自己找工作，开始学会在各方面独立，不再依靠妹妹们。

每个成年人都需要为自己的生活负责。一味地"喂养"被照顾者，只会让他越来越无助、越来越无力。被照顾者的心里往往住着一个无助的孩子，我们只有停止继续"喂养"这个无助的孩子，他才有机会成长起来，有机会学会独立，对自己负责。只有这样，家庭成员之间的爱才能流动起来。

为什么你的家人经常生病

一个人经常生病，从医学角度来看，多半是体质弱、不注意锻炼身体或营养不良等所致，这是大多数人认可的常识，但从心理学角度来看，可能还有几种心理动力在推动。

第一种，这个人精神压力过大，无法把自己的焦虑释放出来，唯有通过一些躯体化的症状表达，才可以停止对自己的高要求，心安理得地休息一下而不用自责，也不被他人责怪。

吴女士是我的一位来访者，她跟我说她丈夫以前身体一直很强壮，可是最近一两年经常生病，比如感冒、咳嗽等。他过去非常注意锻炼，现在不锻炼了，因此身体更加虚弱。看着过去强壮的丈夫如今经常生病，她很担心。丈夫生病的时候经常发脾气，像个需要被照顾的孩子一样。

我问她："你丈夫在生病之前有没有发生过什么事情？"

她说："我丈夫是一个对自己要求严格的人。他原本是一家公司的高管，后来公司因为决策失误走了下坡路，濒临破产。他不得不重新找一份工作，但过程不太顺利。他的心理压力是不是太大了？"

我说："通过你的描述可以得知，你丈夫平时对自己要求很高，当他无法担起自己认为要承担的责任，同时又无法承受这种压力的时候，生病可以使自己暂时不用面对压力。"

《奇葩说》中的辩手黄执中曾经发过一条微博，说他这段时间压力很大，经常生病去打点滴。我在微博上跟他说：有时候疾病是在提示我们要停一下，如果压力大到我们无法面对的话，生病可以让我们免于自责。

第二种，他可能在家里一直被忽略，唯有生病可以让他得到一些关注和照顾，所以他在潜意识里渴望生病，变成一个需要被照顾的人，获得被爱、被关注的感觉。我们把这种现象称为疾病获益。

第三种，他可能想通过生病平衡家庭关系，调整家庭氛围。比如孩子生病，能让爸爸妈妈重新在一起，或者让爸爸妈妈对自己多一些关注。

我遇到的一个孩子就是这样。这个孩子经常莫名其妙地生病，主要症状是高烧，到医院检查不出生理上的原因。后来医生认为可能是心理上的问题导致的，所以他们一家三口就来找我咨询。

我问他们夫妻关系怎么样。妈妈说，孩子的爸爸经常不在家，两人关系比较糟糕，很少交流，甚至可能会离婚。我接着问，妈妈跟孩子的关系怎么样。妈妈承认，一方面她很爱孩子，另一方面自己脾气很不好，对孩子比较严厉，平时和孩子之间的亲密行为很少。

接下来我开始和孩子聊。我对他说："好像只要你生病了，爸爸就回来了，是不是这样？"孩子对我笑了笑。在后来的咨询过程中，这个孩子说，他不希望自己的爸爸妈妈是这个样子的，他希望爸爸能够回来。

当然，是否离婚应该由父母决定。这对夫妻后来做了很好的处理。爸爸很真诚地告诉孩子："爸爸妈妈之间出了些问题，我们会处理好，不管怎样我们都是爱你的。"虽然孩子当时听了很难过，但是过了一段时间，这种经常发烧的情况就没有了。这是因为他们之间能够坦诚表达，孩子不再需要用生病这种方式去平衡父母的关系了。

第四种，生病时他会觉得自己变成了一个更有价值的人。这通常与认同有关。

我的一位来访者李女士非常能干，把家里所有的事都安排得妥妥帖帖，但很少顾及自己的身体。她经常这儿痛那儿痛，一周要跑好多次医院，可是每次的检查结果都显示，她的身体只有一些小问题，医生只给她开了一些维生素之类的药。

在咨询过程中，她回忆起小时候的事情。她妈妈一直非常操劳，甚至经常带病坚持工作。妈妈若发烧了，就在头上贴一片退烧贴，继续努力工作。当她没有好好地去做一件事情的时候，妈妈就会严厉地瞟她一眼，所以只要妈妈一直在忙碌，她就没办法停下来。她一旦停下来，就会产生愧疚感，认为自己可能给妈妈制造了麻烦，没有帮到妈妈。

渐渐地，她内心就认同了"带病坚持工作的妈妈"的价值，把身体健康看得没那么重要，认为带病坚持工作是一种价值。在这个动力的驱使下，她如果停下来，就会很痛苦，会产生自我价值的冲突。她潜意识里认为，自己必须很努力地工作，为家里做出贡献，同时还要保持带病的状态。她经常身体不舒服，原因就在这里。

如果你的家里也有人常常生病，或者你自己就是那个莫名其妙老是生病的人，该怎么办呢？答案很简单，只有三个字——被看见。如果你的家人老是生病的话，他最需要的就是他的诉求能被家人看见；如果你是家里经常生病的那个人，当你意识到自己内心的一些愿望时，你可以直接表达出来。

就像我前面提到的那位生病时就爱发脾气的丈夫，他妻子后来认真地和他沟通了一次，他终于承认，他其实很想得到妻子的照顾，因为觉得自己特别无能。妻子告诉他"没关系，有些压力我们可以一起扛"。过了一段时间，这位丈夫又开始锻炼了，身体和情绪都好了很多。所以，经常生病的人需要的是真正被看见。他可能羞于把内心的某些冲突说出来。如果我们能够看见并且宽容地接纳他的这些感受，他的病就好了。

通过生病来平衡家庭关系的人最需要的也是被看见。那个经常发烧的孩子，他最担心的就是爸爸妈妈要分开。当爸爸妈妈真诚地对他说出他们最终的决定后，他就不再一直处于恐慌和焦虑中了。从那以后，孩子不再经常发烧，身体好起来了。

因此，我们如果发现家里有人经常生病，而查不出什么问题，不妨从这几个角度去考虑：他可能有一些愿望无法表达出来，他可能希望得到家人的帮助，他可能需要被肯定他在家庭中的价值和贡献。当家里的每一个人都能够被看见、被体谅时，这些问题就会迎刃而解。每一个家庭成员都是被支持的，同时也为家庭做贡献，就能"家和万事兴"。

为什么你离不开伤害你的人

　　地球不会因为没了谁就停止运转，作为一个成年人，我们也不会因为离开谁就活不下去。但事实往往跟我们想的不一样，在很多亲密关系中，有的人明明被对方伤害得很深，就是无法离开对方。他每次跟别人谈及为什么无法离开对方时，好像总有各式各样的理由，比如为了孩子、为了家庭。

　　一位女性来访者对我说，她跟男朋友之间的关系好像出了问题。她对男朋友很好，对方遇到什么困难，她都会第一时间给予帮助。但男朋友经常欺骗她，劈腿，借钱不还。在日常生活中，男朋友对她百般挑剔，说她长得不好看，腿很粗，甚至有时还会羞辱她的父母。可她无法离开他。她不是没想过离开，只是每次好像都有很多东西拖着她，使她无法离开。

　　我相信有些人和这位女性有同样的困惑：对方都这样伤害我

了，为什么我还是无法离开他？

很多时候，这是因为这些人本质上是依赖者。他们跟一个人建立关系时，会把一切都放在对方身上，无论是经济上，还是情感上。自己的世界里只有对方，自己的自尊、被回应的体验都来自对方。

另外一个原因是他们无法承载关系中的分离。有些人因为童年经历的一些创伤性体验（比如被抛弃、被忽略）而产生一种想法：只要不分离，你怎么对我都可以，我都能接受。在原生家庭中，父母没有给过他们归属感，导致他们无法主动分离，接受不了分离。

有些人经常觉得对方是伤害他的人，但又希望对方来拯救他。就像我上面提到的案例一样，她总觉得她的男朋友会改，会把她从这种伤害中救出去，尽管她男朋友就是伤害她的人。她之所以会这么想，是因为对方是唯一与她建立情感关系的人，跟被对方伤害相比，"没人回应她"是她更加害怕的事。

除了上述原因，还有一个原因会导致他们离不开对方：对原生家庭、原生父母关系的忠诚。曾经有位来访者对我说，她跟丈夫之间的关系非常不好，但她妈妈经常教导她说夫妻就是这样子的，忍着就好。当她看到妈妈那种无奈而痛苦的神情时，她好像也认同了这种说法。这其实是对原生父母关系的一种忠诚，因为我们想做一个乖孩子，不想给别人添任何麻烦。

分离是痛苦的。当我们决定离开一个人，离开一段关系时，有些情绪或情感是我们不想去面对的。

对于关系中的依赖者来说，离开一个人会让他们感到恐惧，因为这会触及他们的生存问题。依赖者平时需依附对方而活，离开对方，就等于断了他们的活路。比如，很多被家暴的女性之所以不肯离开丈夫，是因为她们觉得自己没有足够的能力活下去，留在丈夫身边，起码他家暴完后还会给点儿钱或其他物质作为补偿。

对有些人来说，关系是必需的，关系的断裂容易让人产生一种绝望的感觉。那会让人觉得自己特别孤独，就像一个人住在一座孤岛上，没有其他人的回应和陪伴。所以他们不是离不开，而是不想体会这种痛苦的感觉。

除了恐惧、绝望和孤独，还有一种感觉——自恋受损。所谓自恋受损就是，一个自恋的人，当他的自我价值感没有被外界接受时，就会引发对自我的彻底否定，从而陷入持续的抑郁状态，并伴有羞耻的体验。我们经常会看到一些酗酒或有赌瘾的丈夫身边总有一个认为可以改变他们的妻子，她们在这段关系里坚持着，似乎只有跟这样的丈夫匹配，她们才是完美的好女人。这种别人眼里的好女人，是她们赖以生存的自恋的一部分。她们如果离开这样的丈夫，就没办法继续扮演这种角色。她们不愿意去体验这种自恋受损的感觉，害怕自己不再是别人眼里的好女人，只是个糟糕的人，或根本没人喜欢的人。

当你意识到自己离不开伤害你的人时，你要注意几个方面。

第一，在跟伤害你的人相处时，不要反应大于选择。很多人面对伤害时，会有一种类似条件反射的反应。我之前接待过被家暴的来访者。有些女性明明知道自己说什么样的话会激起丈夫的愤怒，会被攻击，但还是忍不住说出"你打我啊，你不打我，就不是男人"这样的话。她们一方面觉得自己很无能，另一方面又很愤怒，所以会痛迎这种伤害，好像这样自己就能变成一个强大的人。

有时候逃避是一种很好的选择。很多人可能会觉得逃避是一件羞耻的事，其实不然，这是一种解决问题的方式。下次当我们再次面临伤害时，我们可以尝试选择逃避的方式应对，而不是条件反射般硬撑上去。

第二，调整自己的认知。作为独立的成年人，你有能力去照顾自己的情绪和感受，承担自己行为带来的结果。你如果还处在需要别人回应、照顾的孩子般的状态，就需要以新的角度认识自己，认识世界。

与此同时，你需要获得更多的支持。被伤害过的人通常会感到羞耻，而不愿将自己被伤害的事情说出去。这种自我封闭的状态会令你无法得到支持，从而进一步陷入这种无助的状态。我前面提到的那位女性之所以来咨询，就是因为得到了闺密的帮助，让她有勇气面对发生的一切，来寻求自己无法离开男朋友的原因。所以，请不要因为羞耻而不敢跟亲人或朋友分享你的遭遇，要记住，他们永远是你坚强的后盾。

第三，我们需要去创造属于自己的价值，包括生存价值。我的一位来访者拿着老公赚的钱来做咨询，所以一开始她感到特别羞耻。我跟她说："如果有一天你能拿着自己赚的钱来做咨询，你觉得会有什么不一样？"后来，她找了一份工作。当她拿着自己赚的钱来做咨询时，她连走路的姿势都不一样了。这就是一个人有了属于自己的价值后自信而有底气的样子。她不再害怕对方的离开会让自己无法继续生存下去。

第四，改变自己的不合理期待。这是最重要的一点。有时候一个人被伤害的次数多了，会形成一种舒适圈。这意味着他内心认同了伤害的存在，幻想着对方会改变，会幡然醒悟。这种期待是不现实的，伤害者不会突然明白伤害别人是不对的，需要醒悟的是被伤害者。

一段好的关系往往是舒服的、有序的。如果我们在一段关系中经常有受伤的感觉，这就证明这段关系需要调整，离开也是一种调整。

家庭中的核心恐惧

　　有些地方存在这样一种现象：一个家族中，如果每个成员的经济情况都差不多，整个家族的气氛就比较融洽；如果其中一个人通过自己的努力拥有较多财富，家族成员之间的争吵就会增加。有人说："你那么厉害，应该帮我解决一些问题。"有人说："你是我的亲人，应该资助我一点儿。"有人想：你凭什么比我更有钱？家族中比较富有的那个人常常会被其他亲人牵制和拖累。

　　这种牵制和拖累大部分来自家族成员的恐惧感：不仅是对未来生活的恐惧，还有一种觉得自己很糟糕的不良体验。大到一个家族，小到一个家庭，都是如此。

　　为什么家庭成员出现恐惧感时，就容易陷入一种相互牵制的状态呢？

　　这是一种本能。人处于恐惧状态时，第一反应就是抓住别人，就像小孩子一害怕就会跑到妈妈的怀里，或让妈妈帮助自己一样。

恐惧让我们无法独自面对未来的生活，因此我们希望身边有一个能陪伴我们的人。

人处于恐惧状态的第二个反应就是想去改变别人。恐惧会带给我们一种失控感，因此我们需要改变一些事情来重新获得掌控感。这种感觉就好像"我痛苦，你就应该跟我一起痛苦，凭什么你是开心的"。

为什么有的家庭成员会出现这样的恐惧感呢？

一个人认知高度不够，就会产生恐惧。如果这样的人存在于家庭中，而且恰恰又是父母，他们就会不断制造恐惧，让你担心、焦虑。他们之所以这么做，是因为需要把内心的恐惧传递给别人。

一个家庭中如果多个成员都有这样的恐惧，这种恐惧就会变成核心恐惧，全家人都会陷入一种因为恐惧而互相拉扯的状态。

家庭中的核心恐惧往往来自妈妈。因为妈妈承担着养育孩子的主要责任，决定着孩子看到的世界是美好的还是危险的。如果妈妈认为世界充满危险，孩子就会对世界保持着警惕和防备。

我妈妈经常会跟我说："唉，你出去要小心别人骗你或偷你的东西。"我如果是一个没有自我认知能力，或是一个永远听她话的人，就会无条件认同她的话，处于被恐惧笼罩的状态。

我一位朋友的外婆每天都生活在恐惧中，甚至担心天会塌下来，担心每一个孩子，害怕他们出去遇到危险、没有饭吃、被人欺负等。我朋友的妈妈、舅舅和阿姨都处于焦虑的状态，并且他们有一个共同点：不敢进一步拓展自己的事业或生活，希望能够安安静静地待在家里。他妈妈那一辈没有一个人取得比较好的成就。

一方面因为当时那个年代的机会不多，另一方面因为这种内在的恐惧已变成一种牵制他们的力量，令他们无法发挥自己的潜力。他们看上去没有任何攻击性，因为他们内心有恐惧，不敢把攻击性表现出来，毕竟一个人把攻击性表现出来，就需要承受别人的回击。这意味着他们无法成为更有勇气、更独立的人。

类似这样的家庭核心恐惧，容易对家庭成员产生三种影响：

第一，如同刚才讲的案例一样，会让他们无法发挥自己的潜力。

第二，会让家庭失去安全感。妈妈在一个家庭里具有重要的影响力，孩子的安全感主要来自妈妈。如果核心恐惧来自妈妈，安全感会被恐惧打破，大家只会缩在一起抱团取暖，瑟瑟发抖，缺乏解决问题的勇气。

第三，容易工具化他人。如果一个充满核心恐惧的家庭中出现了问题，由于大部分人的能力都很弱，为了解决问题，他们会找相对强大的那个人，拖着他，让他去处理问题，使这个相对强大的人被拖累、被工具化。当然，我们并不是说一个人不应该照顾年迈的双亲，或者在家庭成员有困难的时候不应该伸出援手。

作为一个成年人，当你意识到家庭中存在来自父母的核心恐惧时，你应该怎么做呢？

第一，自我觉察，建立比较清晰的边界。你要意识到这种恐惧是否延续到了你身上。你要和其他家庭成员之间建立比较清晰的边界。我们常常说要离开原生家庭，并不是完全不管不顾，而是要明白照顾的界限在哪里。

我有位朋友曾经对他的父母说："我不会爱你们，但我会负责。"这是一种很痛苦的表达。我的朋友并不是无情，只是知道，如果他一直跟父母纠缠在一起，就会被淹没在恐惧里。为了挣脱这种恐惧，为了有更好的未来，他要去建立边界。

第二，照顾好自己，学会"背叛"这个充满恐惧的家庭。改变别人，尤其是改变父母的可能性通常很小。我们更多的是要照顾好自己，不被这些恐惧影响，或者尽量少被影响。你要相信自己能够创造更好的未来，可以选择跟他们不一样，这可能会让你遭到他们的反对，使你产生愧疚感。当然，你可以设定一个时间，让自己慢慢离开，"背叛"他们的这种核心恐惧。

第三，承认父母的贡献。作为父母，他们的这种恐惧可能给你带来一些不好的体验或影响，也可能影响你的成长和发展。同时，我们要看见他们的贡献。当他们的贡献被看见时，他们会因为意识到自己的价值而更有力量。

第四，你如果做了父母，要注意自我觉察，看自己有没有把自身的恐惧传递给孩子。你只有处理好自身的恐惧，照顾好自己和自己的情绪，才不会把自身的恐惧传递给孩子。

你是成年人，可以做些选择。

家庭中的三角关系

这些年，常常有人跟我说："胡老师，我父母每次吵架都会在我面前说对方的不是，相互指责，还让我站队，问我谁才是对的。一开始，我还可以耐心劝导，但现在我看到他们打过来的电话都不敢接了，怕接了之后他们还在重复那个话题。"

家庭治疗理论家莫瑞·鲍恩（Murray Bowen）曾经提出一个三角理论：两个人遇到问题时，会把第三个人扯进他们的关系中，用来缓解两个人之间的情绪冲击。这样形成的关系叫三角关系，这是家庭治疗中的基本概念。

三角关系并不是完美的、不会出现问题的。李子勋老师曾经说过，如果夫妻之间存在矛盾和冲突，感情破裂，孩子会为了平息"家庭战争"而穿梭于父母情感之间。当这种拯救方式无效后，孩子可能出现过激行为或病态行为，与父母对抗。夫妻之间的关系越糟糕，三角关系就越容易被用来对彼此发起攻击，孩子也就越容易被用来当成替罪羊或马前卒，身心出现较大的障碍。

一段平衡的三角关系，可以确保孩子的健康成长；一段不平衡的三角关系，只会让孩子深陷家庭矛盾，无法形成独立的人格。

我的一位女性来访者有一段很痛苦的婚姻。这段痛苦的婚姻的源头就是她长期处于一种病态的三角关系中。

她说："在谈恋爱的时候，我感觉这个男人能带给我很多支持。当我们结婚后，我却发现这个男人能带给我的那些东西忽然消失了。"

我问她："那你当初选择你丈夫的原因是什么？"

她说："因为他能给我带来温暖的感觉。我是被爷爷奶奶照顾长大的，后来才跟父母一起住。我父母经常发生争执，我不知道该怎么办，每次都觉得压力很大。曾经有一段时间，我尝试用离家出走的方式解决这个问题，但失败了。虽然父母给了我一些生活上的照顾，但我总觉得自己是被忽视的，父母是不值得信任的，总有一天他们会抛下我。"

从她的自述中我们不难看出，她嫁人只是为了逃离原生家庭。她的原生家庭中的不健康的三角关系，给她带来很多压力，迫使她为了逃离这段关系而开启另一段关系。

虽然三角关系建立的最初目的是减轻焦虑和痛苦，但不同的三角关系会带来不一样的作用。

第一种，原本稳定的夫妻关系，因为孩子的降临而变得不稳定。比如，在孩子出生之后，很多夫妻之间的矛盾和冲突增加了。

第二种，原本稳定的夫妻关系，因为孩子离开家而失去平衡。有些人会发现，自己上了大学或开始工作后，父母之间原本不错的关系突然变得恶劣，双方的冲突变多。

第三种，原本不稳定的夫妻关系，因为孩子的出生而变得稳定。比如，有些父母会对经常拌嘴的新婚小两口说："现在你们吵架是因为你们还没有孩子，有了孩子之后就会变好的。"这的确是一部分家庭的事实。

第四种，原本不稳定的夫妻关系，因为孩子离开家而变得稳定。比如，有的夫妻原来会因为孩子的教育问题经常争吵，当孩子离开家后，夫妻俩有种相依为命的感觉，彼此之间的冲突缓解了。

如果细致地去了解家庭中的三角关系，我们可以看到很多细节。比如，在有的家庭中，夫妻俩和第一个孩子构成了一个稳定的三角关系，第二个孩子出生后，就会影响原来的三角关系。也就是说，当老二出生的时候，老大会对老二产生妒忌心理，害怕原本属于自己的关爱被夺走。

原本的三角关系是稳定、平衡的，多了一个孩子之后，父母需要跟这个孩子再建立一个三角关系，这会导致新的三角关系跟原先的三角关系产生冲突。当两个三角关系同时出现的时候，第一个孩子无法承受这种压力，就会努力用一些办法去打破这种状态。

这个时候，父母需要把两个三角关系合并成一个三角关系，也就是说，要帮助两个孩子建立起非常好的关系，对他们一视同仁，让他们变成一个共同体，这样就能形成一个新的稳定的三角关系了。

还有一种家庭关系：父母中的一方和孩子联合，让另外一方作为单独的一方。这通常表现为妈妈和孩子联合，把爸爸边缘化。

妈妈这样做通常是为了缓解丈夫对她关注不够而带来的压力。她把全部的关注点都放在孩子身上，和孩子之间产生紧密的联合，不自觉地过度进入孩子的生活，包办孩子的一切。

慢慢地，孩子就会对妈妈产生依赖的感觉。同时，在孩子的成长过程中，爸爸参与少了，就会导致爸爸在家庭中的地位下降，失去发言权，让孩子进一步需要妈妈的陪伴。

作为被边缘化的一方，爸爸感受不到妻子和孩子对他的重视和需要，感受到更多的是排斥和拒绝。这有可能让他疏远家庭，甚至会出现婚外情或家庭破裂的情况。

我们明白家庭中存在的三角关系后，就可以采取一些措施，去维持关系的平衡。

首先，我们可以召开一个平等、客观的家庭会议。大家可以试想一下，当你可以跟自己的父母一起坐下来，坦诚地交换对彼此的感受，对这个家庭的感受，同时提供一些建设性的建议或者提出渴望对方能够改善的地方，这会令家庭气氛得到缓和。

其次，父母不要把夫妻之间的问题转移到孩子身上。有时候父母希望子女能够替代他们完成某些事情，比如在发生争吵时，他们希望孩子能够承担起调和者的角色，帮他们缓解矛盾和冲突。你如果是这种家庭中的子女，就可以告诉父母，他们的问题自己解决，不要把你拉进去。你如果已经做了父母，就要记得提醒自己，两个人的事情两个人解决，不要连累孩子。

再次，在一段健康、平衡的三角关系中，我们需要注意不能偏颇任何一方，不要让任何一方边缘化。比如，妈妈不能过多地偏向孩子那一方，平时要注意维护夫妻关系。

最后，如果你发现家庭中的冲突越来越多，或者你无法真正地离开原生家庭，你可以尝试脱离这段三角关系。尽管在你脱离这段三角关系后，短时期内父母可能还会有一些冲突，但只要你坚持不再回到那段关系中，他们或许可以找到另外一种相处模式。

你虽然无法完全摆脱原生家庭冲突带给你的影响，但要相信自己可以吸取教训，在你的新家构建健康的三角关系。

未能出生的孩子对家庭的影响

　　有些父母担心第一个孩子会对未来的弟弟或妹妹产生抗拒心理，为了照顾孩子的感受而放弃生二胎。

　　在一个家庭里，二胎的出生确实会影响很多人，但其实未能顺利出生的孩子对家庭的影响更大。

　　我有一位来访者，是一个十六岁的小女孩。她在一个比较重男轻女的环境中长大，因为家族里没有男孩，家人就把所有的希望都寄托在她身上，她成了一个非常优秀、人见人夸的孩子。

　　一开始，她不知道父母想生二胎。她特别希望有个弟弟或妹妹帮她分担一些家族压力，但她心里又不希望家庭中有新的孩子出生，因为如果新的孩子是个大家都期待的男孩，她在家里的地位就可能会受到影响，或者说她就会失宠。

　　后来，她的妈妈怀孕了，但因为某些原因流产了。这个小女孩认为这都是自己的错，因为她曾经有过不希望这个孩子出生的念头。她心里有很强烈的愧疚感，可又不敢跟任何人表达。从此，她学习成绩变差了，压力很大，情绪很低落，经常无缘无故地哭泣，就像变了个人。

从某种意义上说，家庭中那些未能顺利出生的孩子，以另外一种方式存在于家庭中。

那些未能顺利出生的孩子，有些是因为妈妈身体不好而不能来到这个世界上，有些是因为妈妈主动终止妊娠，或是被动终止妊娠，比如习惯性流产。我们以为流产带给女性的主要是身体上的伤害，并没有意识到这还会给她们带来心理上的创伤。2006 年的一份心理调查显示，50% 的女性在流产后会出现不同程度的心理问题，比如恐惧、抑郁，甚至有的会有自杀的倾向。

为什么会这样呢？其实不难明白，这些流产的女性就像从战场上拼杀回来的老兵，亲手"杀"了一个生命，心理上自然会有很大的创伤。如果没有为未出生的孩子举行一个哀悼仪式，那么这些女性未来可能会对怀孕充满担心和恐惧。

有这样一个案例，一位女性在结婚后一直不能正常怀孕，即使怀上了也会习惯性流产。无奈之下，她决定去做试管婴儿，之后很幸运地拥有了一个健康、可爱的孩子。

可是，她每次看到孩子的时候，都没有办法真心地跟这个孩子建立起亲近的关系，特别是孩子让她感到烦躁无助的时候，她甚至有把他扔掉的冲动。她看着这个孩子，总是想起之前流产的几个孩子，并且把对那几个孩子的愧疚感都集中在这个孩子身上，对这个孩子的感情非常复杂。

一方面，鉴于之前的经历，她会担心孩子出现意外；另一方面，为了避免遭受强烈的愧疚感，她的潜意识里经常出现把这个孩子扔掉的冲动。当然，这一点她未必能意识到。

这种心理冲突导致她无法面对这个孩子。一看到他，她内心就会感到特别羞耻。这个孩子的出生就像一面镜子，让她觉得自己以前做的事情实在太糟糕了，以至于她无法真诚地面对孩子。

她说，她看到孩子那双无邪的眼睛时，会觉得他的眼睛里住着其他人。所谓其他人，就是指那几个未能出生的孩子。

我想，未来这个孩子跟妈妈之间的关系不会亲近，因为他能感受到妈妈对失去的那几个孩子的痛苦，得不到妈妈完整的爱，他会有一种被抛弃的感觉。

总体来说，未能出生的孩子对一个家庭的影响主要有三个方面。

第一，不管是对爸爸还是妈妈，这种影响都非常大。对妈妈的影响我们在前面已经说了，流产不仅会伤害妈妈的身体，也会对妈妈的心理造成创伤。对爸爸来说，如果他决定让妻子去堕胎的话，两个人的关系就会变得很糟糕，彼此之间的信任也会消失，甚至他们会开始吵架。

如果夫妻两人没办法对这件事情进行妥善处理的话，这件事就会成为他们之间的芥蒂，甚至成为不能愈合的创伤。比如，有些女性在悲伤时会责怪丈夫："如果不是这样的话，我们的孩子已经很大了。"听到这样的话，丈夫很痛苦，但无能为力。很多事情只要发生了就无法改变，互相指责只会导致无谓的争吵。有些女性会说避孕是男人的责任，或者把怀孕的责任全部推给男人。但其实，女性更要保护好自己，这是一种自我责任。

第二，孩子可能一出生就要承载他那些未能出生的哥哥或姐姐的一些东西。比如，有些人直到成年都无法弄清楚自己为什么经常没有安全感。他回去跟爸爸妈妈讨论这件事情的时候，发现原来在他出生之前还有未能出生的哥哥或姐姐。如果家庭中曾经有过未能出生的孩子，当后面的孩子正常出生后，家人就会对这个孩子做出过度补偿，并且总是担心他出意外。在这种事无巨细的照顾下成长起来的孩子，通常会特别敏感，没有安全感，甚至会觉得自己的生命随时有可能被剥夺。实际上，他们相当于承担了未能出生的哥哥或姐姐的一部分命运，这种不安全感更多来自没能出生的哥哥或姐姐，因为他们失去了生命。

第三，孩子可能会承载父母的多重期待，也就是要承担类似于多子女的期待。在非独生子女的家庭，父母的期待可以分散给几个孩子，但当只有一个孩子的时候，这个孩子要承载来自父母的更多期待，这对孩子来说压力非常大。

没能出生的孩子对夫妻关系、已出生的孩子乃至整个家庭都有影响，我们要做的就是减小这种影响。我们要明白一点，这些孩子虽然没有机会出生，但在这个家庭中有一定的地位。学会告别是走出伤痛的第一步。

我们需要给他们举行简单的告别仪式：

1. 对不起。我们要对未能出生的孩子说声"对不起"。我曾经建议那位习惯性流产的妈妈，给那些未能出生的孩子起名字。于是，她给那些孩子分别起了名字，并跟他们一一告别。之后，她夜里做噩梦的次数逐渐减少，后来就不做噩梦了。

2. 请原谅。我们要告诉未能出生的孩子，很遗憾没有缘分相聚，让他们的生命消失了，所以请原谅。

3. 我爱你。我们要告诉未能出生的孩子：虽然你没有出生，但妈妈很爱你，希望能得到你的祝福，家里的人不会忘记你的。

"对不起""请原谅""我爱你"，这三句话给予了未能出生的孩子存在的意义。我们承认了他们的存在，也承认了他们的离开。

美好的家庭不需要争权夺利

中国传统文化下的家庭，父为子纲，夫为妻纲，男权大于女权，父权大于子女权，夫权大于妻权，家庭的权力处于一种完全不均衡的状态中，由此造成的问题非常严重。

比如，在封建社会，女性长期处于弱势地位，死了丈夫的女子不能改嫁，否则就失去贞节了。再比如，子女完全被父亲的权威所控制，父亲在外人面前称孩子为"犬子"。《红楼梦》中的贾政动不动骂贾宝玉是孽障。

如今家庭里的权力格局与封建社会时期的不一样了，男女平等，夫妻平等，年轻父母被教育要尽量平等地对待孩子。但是，几千年的文化传承，深植于我们精神中的集体无意识，是没那么容易消失得无踪影的。

过分争夺权利会对家庭造成不可磨灭的伤害。在我们的家庭里，父母对子女权利的剥夺仍然很容易发生。父母包办孩子的一切，这是一种权利的剥夺，剥夺的是孩子自主成长的权利。剥夺的后果就是，孩子会觉得他无法对自己的生命负责。

你知道一个人的权利长期被剥夺会带来什么问题吗？他就像一台机器，一旦不被人控制，就会手足无措，离开指令就无法存活。电影《肖申克的救赎》中，那个被关在监狱中几十年的老人，有朝一日被放出来后，无法适应外面自主和自由的生活，最后自杀了。

也许你的周围有一些啃老族，高中或者大学毕业后，不去上班，或者动不动就辞职，赖在家里啃老；买房子要父母掏钱；结婚了，孩子甩给老人带。他们在成长过程中，被父母剥夺了自己解决问题的权利，什么事情都被包办，没有权利也就没了责任。

你是不是经常抱怨爸妈管得太多，却又经常依赖他们？你如果不想让父母管你的话，就要自己管好自己的事情。

我经常听到一些年轻的父母抱怨说，每个上班的早上都跟打仗一样，一边是快迟到了，一边是孩子怎么叫都不起来。这些父母在表达自己的付出时，忽略了一个基本事实：他们正在剥夺孩子的自主权。父母可以给孩子准备一个闹钟，他听到闹钟响而不起床的话，父母不要插手，让他自己承担后果。

家庭中还有一些权利争夺，比如话语权、情感权的争夺。这都是在争夺爱，或者说争夺存在感。

先说话语权。说话其实是一种价值输出，就像人们去演说、出书一样。当一位女性的观点被老公和孩子接受的时候，她会觉得这是一种价值输出。

你有时候会不会觉得爸爸妈妈太唠叨了？其实，唠叨的人在争夺一种话语权，因为别的权利得不到保证，话语权变成了他最后要维护的。爱唠叨的家人其实是在抗议你对他的忽视。了解了这一点，相信你可以更多地关注他、陪伴他，并重视他的需求。

再来说一下情感权。情感权是婴儿期的无所不能的自恋造成的。小婴儿一哭，妈妈就会立刻回应。这种模式对婴儿来说是必需的，但孩子稍微长大后，如果这种模式还没有被打破，他长大后就有可能变成"巨婴"。

被爱的人在情感上有某种权利。女人恃宠而骄，是在表达一种情感权利。所以，如果你的家人有时候有一点点不讲理，你不要太在意，包容他的小小的无理要求，也是一种爱的表现。他一定能收到你的心意。

还有一种弱者的权利叫作被动攻击。比如有的妻子跟丈夫吵架，一看架势不妙，就会来一句"好男不与女斗"。为什么好男不能与女斗？因为女人是弱者，强者欺负弱者，有悖于道德。现实生活中经常会有这种现象，比如有的人在争吵中会说："你有文化，我没有文化，所以你要让着我，不能跟我计较。"了解弱者的这种隐秘的被动攻击，能让我们更加了解人性，增强包容性。

我要特别讲一下在中国式家庭中婆媳之间的权利之争。为什么你的妈妈和奶奶之间的关系，或者你的媳妇和妈妈之间的关系总是那么拧巴呢？

她们有可能是在争夺厨房的管理权，更主要的是争夺你爸爸的、你的或下一代的爱。

你是解决你妈妈和媳妇之间问题的关键，不可以在两个女人之间扮演两面派的角色。你要记住，爱妈妈虽然很重要，但在你的新家庭中，你和你的媳妇才是主要的成员，你们之间的关系是最重要的。

婆媳之间的权利争夺，还会聚焦在小宝宝身上。经常有年轻妈妈抱怨说，婆婆霸占了孩子的爱。我有一位来访者告诉我，她知道母乳喂养好，所以坚持让孩子吃母乳，直到孩子一岁都没有断母乳。婆婆为此很不高兴，一直让她给孩子断母乳。有一次她偶然撞见婆婆和邻居聊天，谈到她不肯让孩子断母乳时，婆婆甚至做出一副鄙视和痛恨的表情。她不明白为什么会这样。其实，这是婆婆在争一种权利，因为母乳喂养期间，孩子和妈妈的联结很深，婆婆感觉被排除在这种联结之外了。

总之，在传统父权文化背景下，每个人都要警惕以爱的名义剥夺家人的自主权。在家庭中，唠叨者是在不得已地争夺一种话语权。强势的一方，或者相对处于弱势的一方，都在争夺权利。了解家庭中权利的争夺是如何发生的，有助于了解家人的需求。而在美好的家庭中，人人都不必争权夺利。

怎么和控制欲强的家人相处

　　我的一位来访者张先生最近遇到了麻烦，他出轨被太太发现了。张先生的太太是个女强人，方方面面都很能干，并且把张先生照顾得很好。张太太发现丈夫的出轨对象竟然是一个不算年轻、平平无奇的女人，顿时暴怒，说："你为什么不找个好一点儿的？你这简直是对我的一种侮辱！"

　　在他们找我做咨询的过程中，张太太一直在指责丈夫对不起自己，背叛了他们的婚姻。张先生坐在那里不多解释，只说当自己看到那个第三者时，会不由自主地想去帮助她、照顾她。对此，张太太觉得非常可笑，因为她眼里的张先生是个很软弱、很脆弱的人，根本没有能力去帮助和照顾别人。直到后来张先生说了一句话才引起了张太太的注意。他说："在她面前，我才觉得有存在感，我是被尊重的。"

　　我们只要稍微留意一下，就会发现一个很奇怪的现象：很多出轨的人爱上的第三者，无论是外形还是其他各方面条件都远远不及原配。这样的事情总能让人产生疑问：出轨的人是不是脑子有问题？按常理来看，出轨的对象应该更优秀、更有吸引力，这样才能诱使人做出出轨的行为。

在出轨案例中，夫妻之间往往存在一种很特别的相处模式：控制型全能者和弱势的另一方。上面案例里的张太太和张先生，对应的就是控制型全能者和弱势的另一方。这样的家庭很容易出现出轨行为，因为弱势的一方很希望能在另外一段关系中扮演控制型全能者的角色。

张先生的妈妈和妻子都是非常能干的女性。从小到大，张先生的妈妈对他照顾得无微不至，甚至连鞋带怎么系、吃什么菜这些小事也要管。妈妈的过度照顾剥夺了他自我成长的机会，包括自我尝试的机会，让他永远处于弱势状态，无法长大，无法强大起来。

等到成了家，妻子在日常生活中处于主导地位，他一直处于被控制的状态，存在感很弱。当他跟那个柔弱的第三者在一起时，他的自我感觉就会变好。对方的顺从听话，让张先生感到自己是有价值的，不再弱势。于是，每次看到她，张先生都会不自觉地想帮助她、照顾她。也就是说，虽然第三者的条件或许真的不如原配，但她能满足张先生扮演控制型全能者这一角色的需求，而这恰恰是张太太做不到的。

反观张太太，她是典型的控制型全能者。她的妈妈身体特别弱，经常生病，爸爸能力一般，她从小就扮演一个类似全能照顾者的角色。这个全能的角色让张太太不敢将她所遇到的挫折或委屈说给父母听。因为她知道，就算她说了，父母也给不了她任何帮助，只会让她更焦虑。

当张太太遇到她父母这般身体虚弱、性格软弱的人时，她心里会有几种不同的体验。

第一，当别人向她索取时，她会很愤怒。自己已经很辛苦了，为什么他们不能坚强一点儿？可是她又觉得，如果自己不满足他们的要求，他们似乎就会活不下去，她内心就会产生一种罪恶感。这种内在的冲突使她经常莫名愤怒。

第二，她要扮演照顾者的角色，成为家里最重要的人。父母的软弱使张太太必须强大，所以张太太从小就有一种气场，让父母都听命于她。比如，他们生病了，张太太让他们去医院看病，他们就会乖乖听话去医院。成家后，张先生也慢慢处于这种被掌控的状态，就算自己觉得没必要去医院，也没办法拒绝。

第三，如果对方没有及时回应，张太太就会很生气。她特别渴望能得到对方及时的回应。有时她打电话给张先生，如果张先生没有马上接电话，她就会很生气，不断指责他为什么不及时接电话。

我们可以看到，控制型全能者在关系中会让自己和对方都不舒服。当控制型全能者和弱势的一方结合后，哪怕对方是有能力的，控制型全能者都会把对方视为弱势者，而自己则扮演一个全能者。

回归本质去看上面这个案例，我们可以留意到，张太太婚姻中的控制型全能者和弱势的另一方模式，是其童年时期亲子关系的一种延续，也就是一个被赋予太多责任、义务、能力的孩子，和弱势的父母之间的关系。

如果夫妻双方存在类似张先生和张太太所面临的问题，该如何去解决呢？

首先，控制型全能者要允许自己示弱，允许自己表达想得到他人帮助的意愿。

经过我的多次辅导，张太太不再像之前那样经常抱怨和指责丈夫"你怎么这么没用？为什么我要那么辛苦"，而是很诚恳地对丈夫说："很多时候我都感觉很累，很需要你的帮助。"当她这样真诚地表达出自己的需求后，张先生马上回应说："其实我也知道你很辛苦，我真的很想帮你做些什么。"不久，张先生和张太太修复了关系。

我们向别人示弱、表达自己的需求，也是在成全别人，让别人感到自己有能力、有价值。

其次，控制型全能者要学会承受愧疚的感觉。

很多时候，我们看到亲近的人无法处理某些事情时，总是想帮他们解决，一旦没有帮忙，内心就会产生愧疚感。其实每个人活在世上，都有属于自己的功课。哪怕是我们最亲近的人（丈夫或父母等），都有属于自己的功课，很多事情需要他们自己去解决。因此，我们需要学会承受一闪而过的愧疚，让他们自己去尝试，去完成属于他们的功课。

张太太学会承受愧疚后，尽管有时看到丈夫独自做事还是会很担心，但她坚持鼓励丈夫自己去完成，告诉他"你能做到的"。慢慢地，他们之间的关系变好了。

最后，被视为弱势的一方要意识到，接受别人的照顾是一种成全。

被别人照顾，是我们一直以来都渴望的，而接受别人的照顾，对于别人来说也是一种成全。张先生厘清他和太太之间到底是一种什么样的相处模式后，便不再理想化自己，去追求做个全能的人，而是愿意成全太太对他的照顾。他们之间不再有恨意，更多的是相互关爱。

控制型全能者和弱势的另一方这种相处模式并不是真实的人际关系，而是一种理想化自己、弱化他人的人际关系，容易使彼此都不舒服。在婚姻关系中，这种相处模式极有可能导致其中一方出轨。改善的方式就是，控制型全能者尽量不要太要强，不要去控制对方，要适当示弱；弱势的一方除了成全对方的照顾，还要学会分担家事。

为什么你总是想攻击他人

现在很流行一个词——杠精，指的是很喜欢跟别人抬杠的人。抬杠这种行为隐藏着一种竞争性，相当于在证明"我是对的，你是错的；我是好的，你是坏的"。抬杠是一种竞争、攻击的行为，杠精具有竞争性、攻击性的自我。这种竞争性、攻击性自我的形成源于他们小时候经常被父母惩罚。

在我小时候，父母对我要求很严格，我一旦做错事，就会受到很严厉的惩罚，包括责骂或拿走我心爱的东西等。这种惩罚性的措施在我身上留下了一定的印记，使我形成一种"错了就一定会遭受惩罚"的思维模式。每当我看到别人做错事时，内心的"父母"就会教导我用攻击性的方式去惩罚别人。

年轻的时候，我很喜欢跟同学去一个体育场，在那附近有很多喜欢欺负弱小的小混混。每次看到他们，我都会用攻击的方式对待他们，比如跟他们打架、对骂，似乎这样能让他们很受挫。

攻击别人，常常是为了保护自己。心理学上有个词叫见诸行动，通俗地理解就是先下手为强。这就像我年轻时会出去找小混混的麻烦一样，我会找那种眼神中充满攻击性，会瞪人的小混混。因为，当我感受到别人的眼神攻击时，我内心一直被压制的攻击性就会被激发。为了保护自己，我就会选择先下手攻击别人。

在亲密关系中，为了比较谁贡献得最多，谁最有用，谁对谁更好，我们有时候也用这种攻击方式来对待对方，谁都不想成为输家。并且，我们都想要绝对的公平。

一个具有竞争性、攻击性自我的人，通常内心住着一个惩罚性的他人。也就是说，一个具有竞争性、攻击性自我的人，通常对自己很不满意，并且会把别人看成惩罚性的人。因为他早期受到了攻击性的惩罚，所以当他把对方解读为一个要攻击他的人时，他就会开启自我保护机制，先去攻击别人。

此外，一个具有竞争性、攻击性自我的人，很容易把身边的人都当作自己的竞争对象，感觉每个人都有可能惩罚自己。

我的一位二十来岁的来访者，在他小时候，每当他去跟别人建立关系时，他父母都会对他说："你要和对方比赛。"这让他觉得对方跟自己是竞争关系，不是朋友关系。长大后，他不敢与别人建立关系，因为一旦他去跟别人建立关系，那种竞争的感觉就会出现。所以他总觉得很孤单。

在这样的环境中长大的孩子，很容易用被动攻击的方式对待父母。父母的惩罚让他们感觉到了被攻击，他们自然而然把父母当成坏人去对待。

如果我们就是这种具有攻击性、竞争性自我的人，该怎么办呢？

第一，我们需要重新去看待别人。我们要提醒自己，别人不是来跟我们竞争的，而是来帮助我们的。如果你把身边所有的人都视为竞争者，你就会感到这个世界没有爱、没有善意，而且你会缺乏身边人的支持。

举个简单的例子。有一对婆媳每天都会重复做同样的事：婆婆洗完衣服或扫过地，媳妇都会再去做一次。我问那个媳妇为什么要这么做，她说因为她觉得婆婆不如她弄得干净。表面上看，这个媳妇只是想要更干净，其实她有一种把婆婆视为竞争对手的心理，想要证明自己是更棒的。当我提醒她，婆婆只是想帮她减轻负担，她才对自己的行为有所觉察。

第二，当我们对自己做的事负责时，"惩罚性的他人"就会消失。我们要知道，自己做的事是被允许的，那是我们自己的事，没有人会惩罚我们，我们只需要接受这个结果就好了。只有我们肯为自己做的事负责，这种"惩罚性的他人"才会消失不见，我们才会不再去责怪自己。

第三，扮演一个惩罚性的他人并不能真正解决什么。有一对夫妻经常争吵。我仔细观察他们之间的沟通方式，发现一个问题：

妻子很喜欢用指责或反问的语气跟丈夫对话。比如，丈夫下班回家，问妻子做好饭没。妻子会说："谁像你啊，早就做好了。你以为你老婆是个好吃懒做的人啊。"这种带有攻击性的语言很容易激发矛盾，而且不能解决任何问题。

第四，如果你是父母，要想避免成为惩罚性的父母，你就要减少对孩子的惩罚，即便要惩罚，也要建立有规则的惩罚：不要用侮辱性或攻击性的惩罚方式，而要选用冷处理，或暂停孩子喜欢的事情等方式。惩罚的目的不在于惩罚孩子或者泄愤，而在于告诉孩子要为自己做过的事情负责。

与父母同处一个屋檐下该怎么生活

很多人一听到要跟父母一起住，就会表现得很抗拒。因为他们害怕两代人生活习惯或观念上的一些冲突无法缓解，彼此不能和平相处。

我有位来访者，她经常会因为育儿方面的问题跟妈妈发生争执。她平时要上班，没有办法全天照顾孩子，如果请一个保姆照顾孩子，一来不放心，二来经济上有些困难，所以拜托妈妈帮忙。但两代人的育儿观念相差太大，她们常常因为孩子的事情吵架，家里的氛围越来越糟糕。

当家庭的组织结构发生改变时，新成员和旧成员之间很容易出现问题。这些问题不外乎以下几个方面。

第一，关于对家庭的贡献问题。阿德勒曾经说过，人生的意义在于对他人做出贡献。我相信，家庭里的每个人都希望自己对家庭是有贡献的，对他人是有价值的。所以，当自我价值感比较低，自认为是负担的父母搬过来跟孩子同住时，问题就产生了。他们会认为自己是在给孩子增加负担，会拖累孩子，因此，他们会不断地做一些事（比如做饭、打扫卫生等），来证明自己对这个家是有价值的、有贡献的。他们虽然出于一番好意，只是希望得到孩子的认同，但有时会用力过猛，过度掌控孩子生活的各个方面，从而造成不好的结果。

第二，关于归属感问题。无论是搬过来跟孩子同住的父母，还是其他新加入的家庭成员，都会产生归属感问题。因为这对于他们来说是一次挑战。这就像动物世界里动物们的迁徙一样，离开最熟悉的地盘，去往新的地方，内心会很恐慌、很不踏实。所以，有时他们会通过掌控家里的一些事来获得安全感，父母更是如此。

我有位朋友王先生，他比较注意隐私问题，每次出门都会锁上房间的门。父母搬到自己家后，他还保持着这个习惯。父母因为这件事很不开心，但没有直接表达出来，而是通过其他小事发泄出来，比如经常埋怨家里的东西这不好那不好。王先生察觉到异常后就去询问父母：到底怎么了？是不是觉得哪里不够舒心？兜兜转转，他终于问出原因。父母觉得王先生锁门是在防着他们，不相信他们，感觉他们对于这个家来说是外人。了解了父母的想法后，王先生跟他们解释说："因为我比较注重个人隐私，所以会习惯性锁门。希望你们能尊重我的这个习惯。你们需要进我的房间可以直接跟我说，我会回来给你们开门。"在这次的沟通中，双方很真诚地表达了自己的想法，这让他家的氛围得到了改善。

第三，关于家里的权力斗争问题。父母跟成年子女住在一起，可能会产生权力斗争问题：到底谁说了算？谁去做最终决定？谁是这个家的主人？从决定今晚去哪里吃饭，到厨房应该如何布置，都属于权力归属问题。在没有搞清楚这些问题的决定权前，家里的秩序可能会一团糟。父母会把原先跟未成年子女的相处模式延续到现在，仍然把成年子女看作小孩子。很多父母会觉得：你无论长到多大，都是我的孩子，还得听我的话。

第四，关于双方的生活习惯问题。有句俗话叫"三年一代沟"，意思是两个人的年龄每差三岁，他们的价值观、人生观、世界观就会不同。我们跟父母相差几十岁，饮食习惯、生活习惯会有一定差异。比如，有些父母习惯于吃剩饭剩菜，这种行为年轻人无法理解。明明现在生活条件改善了，生活质量提高了，有很多好吃的，为什么父母还是吃剩饭剩菜，有时还会逼我们一起吃？

家是一个整体，是一个组织结构，它的内在动力会随着家庭成员的变动而发生变化。为了保持家庭结构平衡，虽然我们会做出必要的调整，但生活习惯很难在短时期内改变。因此，父母跟孩子同住时，双方经常会为了一些生活琐事产生矛盾。

造成这四个方面问题的深层原因是，我们没有想清楚自己是以孩子的身份还是成年人的身份去跟父母相处。如果我们还是用小时候的方式去跟父母相处，父母就会用以往的方式对待我们。

面对家庭矛盾，我们可以尝试从这几个方面做出改变，大家一起制定一个彼此都感到舒适的相处模式。

人与人之间需要相互妥协。我们要成全对方，而不是改变对方。这种妥协在和家人相处过程中也很重要。比如，有些父母习惯攒塑料袋，作为子女的我们可能会排斥这件事。所以，我们希望父母能够改掉这种习惯。对于父母来说，攒塑料袋是勤俭持家的行为之一。所以，我们和父母住在一起时要成全对方，并适时做出一些妥协。

与此同时，我们也要成全自己，也就是自我接纳。有时候，父母在跟我们相处的过程中，会沿用小时候对待我们的方式，比如批评教育、挫折教育，总是指责我们这里做得不好，那里出现了问题，还把我们当成孩子，这会让我们觉得很难受。作为一个成年人，当我们完成自我接纳时，无论别人说什么，我们都不会受到太大影响。因为我们知道自己的好与不好，明白什么是我们做得到的，什么是做不到的，不需要强迫别人认同自己，满足自己的需求。

很多家庭都会存在权力之争，每个人都想成为权力的中心，让其他家庭成员都听自己的话。我们最好制定好规则，什么都摆在明面上，不要在暗地里进行，因为这会影响家庭成员之间的感情。

我一位朋友的太太在这方面做得很好。之前因为某些事，我朋友需要把父母接过来居住一段时间。他的太太表示没什么问题，但必须事先跟他的父母声明，家里的某些事必须听她的，其余的事可以听从两位老人的意见。他太太说："我知道你的父母都很好，也很照顾我们，但他们和我们住在一起后，有些事如果不提前说清楚，很容易引发家庭矛盾。"

我朋友觉得可以接受。当他父母住进家里后，他们一家人坐在一起开了个会，和父母讲明了家里的规则。一开始，朋友的妈妈不太认同，她跟我朋友说："你太太太强势了。"朋友却说："你希望我们一家人和和睦睦地相处吗？如果希望，那么我们每个人都需要遵守这个规则，毕竟这是我跟她的家。"听到儿子这么说，妈妈虽然当时感觉挺失落，但过了一段时间，她发现这个规则的确能减少很多摩擦，整个家庭的氛围保持得很好。

我们可以发现，当制定好规则后，家里的矛盾就会减少，因为每个人的分工都很明确，大家只需要做好自己分内的事即可。

最后，也是最关键的，我们要学会承认别人的价值，看见别人的付出。我们习惯于父母的付出，认为那是理所当然的，其实这是习惯性地把父母看作满足我们需求的人，而不是将彼此放在平等的位置上。所以，下次我们得到父母的帮助时，不妨对他们说一句："有你真好。"

2 第二章

情绪表达：
家人间的影响与共情

对待家人时，为什么你的情商为零

开篇之前，我先问大家一个问题：你们觉得什么样的人是高情商的人？

我想很多人会说高情商的人就是善于控制自己的情绪，有一定的沟通技巧，懂得成全他人，并且能够很好地跟对方产生共情的人。在职场上或者朋友圈，我们都会记得要做一个高情商的人，做一个好领导、好下属、好同事或者好朋友。在面对家人时，我们却变成情商为零的人。

我有位朋友，他是我们圈子里公认的脾气好的人，而且很讲义气。无论谁有困难，他都会第一时间帮忙。正是这样一个人，却和妻子产生了矛盾，最后不得不以离婚收场。而导致他们离婚的是一件看上去很小的事 ——

夫妻二人在出租车上争论一个问题，说着说着，出租车司机突然插话说："有时候男人真的挺辛苦的，你可以尝试体谅一下。"

我朋友听完回了一句："大哥，你真的说出了我们男人的心声。"

妻子先是沉默了一会儿，之后冲司机撑了回去："我们夫妻吵架，跟你没有任何关系。你凭什么对我们的事情做出评价！我也不希望你打断我们的谈话。"说这话的时候，她的语气虽然尽量保持克制，但从神情上可以看出她真的生气了。司机立刻向她道歉，但她仍然抓着司机不放。我朋友还在一旁劝道："司机都道歉了，你就不要再责备他了。"

他们回到家后就这件事进行讨论。我朋友认为自己的反应合情合理，因为他担心司机顾着和妻子说话，无法好好开车而出意外，所以才劝阻妻子。但在妻子看来，丈夫今天为了一个外人指责她，没有保护她，没有顾及她的感受。两个人互不让步，矛盾就此不断升级，最后直接选择离婚。

可以看出，我朋友对这件事情的处理方式的确欠妥。他没有看到妻子的情绪变化，在妻子生气时不但没有及时地共情和安慰，而且替外人说话。在妻子看来，丈夫在帮着别人欺负她。甚至当妻子说想得到他的保护后，他还不断跟她争论，导致以离婚收场。

在家人面前保持高情商很重要。为什么每次我们面对家人时，情商都好像变成零了呢？

家人之间利益关系更紧密，情感联结更紧密，因此，当我们跟家人相处时，无法回避一些冲突，而这些冲突会成为家人之间平等交流的阻碍，令我们的情商下降。

第一种是依赖和个体化之间的冲突。这种冲突尤其表现在青春期的孩子身上。很多孩子进入青春期后会变得很叛逆，他们觉得父母管得太严，自己失去了人身自由。这是因为他们的个体化过程还没完成，一方面他们想过自己想要的生活，另一方面他们暂时还没有这个能力，无论是情感上还是经济上都需要依赖父母，所以他们的内心会产生强烈的冲突。

这种冲突还会出现在一些全职家庭主妇身上。她们一方面在经济上需要依靠丈夫，另一方面又觉得被丈夫困住，无法过自由的生活。她们需要丈夫扮演很多角色，或者说她们会把丈夫过度理想化，希望丈夫既能照顾她们，又能给予她们很多自由。如果这种需求无法得到满足，这种内心的冲突就会呈现在两个人的关系中。

第二种是照顾和自给自足之间的冲突。现在越来越多的人不愿意组建家庭或建立亲密关系。相比过去，现在很多事情都变得更加便利了，以前需要两个人合作去完成的事情，现在一个人就可以完成了。彼此照顾慢慢地被自给自足代替了，这导致其他家庭成员对自己来说好像没那么重要了，彼此不再是合作伙伴的关系。

很多女性吐槽，既然自己就能赚钱养家，也不想生孩子，为什么还要去容忍一个不会照顾自己、疼爱自己的男人呢？每个月只给她们一点儿钱，还要她们养家、养孩子，回到家像个大爷一样，这样的男人要来干吗？很多时候，正是这种冲突让双方产生很多不良情绪。一份离婚数据显示，导致离婚的第一个因素就是生活中的琐事。为什么排在第一位的是生活琐事？其实这种鸡毛蒜皮的事最容易引发依赖和个体化，以及照顾和自给自足这两种冲突。而且，面对这两种冲突，我们往往不会去避免，有时甚至会上升到家庭暴力层面，比如语言暴力、精神暴力和躯体暴力等。

之所以会出现这样的结果，是因为我们从来没有考虑过尊重家人。很多时候，我们和对方关系越亲近越容易把对方工具化或物化，这正是和家人相处时情商变为零的一个原因。比如有些男人会说"你是我的女人，我养你"之类的话，这其实就是一种关系不平等、身份不平等以及沟通不平等的认知。情商为零并不是说对方没有情商，只是在相处过程中，对方把我们看成了他的一部分，而不是一个独立的人，从而对待我们的态度和方式比较随意。

因此，我们要思考一下，家人对我们意味着什么。

有的人把家人看成需要去照顾的人，有的人把家人看成照顾自己的人，有的人把家人看成可以依赖、可以为他承担某些事的人。由此可见，有时家人扮演的角色可能并不是他们应该扮演的角色。换句话说，很多人都希望自己的另一半不只是自己的伴侣，还应该能像父母那样宠爱自己、照顾自己。一旦我们把对方看成照顾我们的人，我们往往就会变成任性的孩子，需要对方为我们负责一切。

情商高的人和任性的人是相互对立的。情商高的人比较宽容，情绪比较稳定；任性的人只想着满足自己，情绪不稳定。如果我们在家庭中比较任性，那么情商为零是必然的。

此外，在与亲近的人相处时，我们常常欠缺边界感。两人越没有边界，双方的情绪越容易波动。在家庭中，家人之间的边界感相对比较模糊，我们很容易为家人的事而不安，甚至想代劳家人做本该他们做的事。

一位来访者分享说，她一看到丈夫坐在一旁垂头丧气，就很愤怒。我问她："为什么你会觉得愤怒？"她说："因为丈夫是家里的顶梁柱，他的这种无力感令我感到恐慌，而我无法帮他承担，所以我就开始指责他，希望他告诉我到底发生了什么，也希望他能安慰一下我，和我说'没事的，不用担心'。"我们无法接受家人的这种状态，并且会感到不安，而不安会让我们变成一个暴躁的人，进而情商变成零。

大家可以想想，如果我们面对的是上司、同事或者朋友，我们会是什么样的态度呢？还会像对待家人那样吗？

我们从小受到的教育是对外取悦、对内指责。我们之所以会对外取悦，一是因为我们希望做个好人，二是因为我们害怕关系破裂。面对家人时，我们不会在意这些。一位来访者曾经对我说："我从来没想过我丈夫会因为我骂他几句就离家出走，他曾许诺我不离不弃。"我们通常不会投入更多精力去维系自己和家人的关系，在家人面前所表现出来的情商就没那么重要了。

我们必须记住，家人也是人，而且他们是我们人生中最重要的人，也是最需要我们去感激的人。我们不要等失去了才后悔当初没有好好对待他们。我们只需拿出一点儿对待外人的耐心和同理心，家庭就会更加和睦、幸福。

你是在表达情绪，还是情绪式表达

很多时候，我们自以为在表达情绪，其实是情绪式表达。大部分人都分不清楚什么是情绪式表达，什么是表达情绪，二者有什么区别。

先说一下什么是情绪式表达。

我们每个人小时候可能都有过这样的经历。我们做了件让妈妈不开心的事，妈妈责备我们。在妈妈责备我们的过程中，我们的感受是：我惹妈妈生气了，妈妈讨厌我了，我是个坏孩子。其实妈妈并不想否定我们，她想表达的只是我们应该乖一点儿。为什么我们感受到的跟妈妈想表达的会不同？这是因为妈妈采取了情绪式的表达方式。

这种表达方式的特点是，不直接说出个人诉求，而是通过情绪向对方传递信息。情绪式表达所流露出来的情绪，只是显性情绪，不是隐性情绪。就像上面提到的妈妈，她表面上的情绪是愤怒、失望，内在的情绪其实是悲伤和失落。

表达情绪的正确方式是直接表达自己的隐性情绪。

前几年有一档综艺节目，在其中一个环节里，某位明星哭了。因为微博上有很多黑她的粉丝，她看到这些人的评论后很难过。她说："身边的朋友都叫我不要去看，但我还是忍不住去看了。"她说这句话时，眼泪止不住地流出来，整个人的情绪是难过、悲伤的。她的这种表现就是单纯直接地表达情绪，她没有通过愤怒等情绪表达来掩饰自己的真实情绪。

辨别自己是在表达情绪还是情绪式表达最好的方法是，看看自己流露出来的情绪是不是内心隐藏的情绪。

两个人都陷入情绪式表达时，每个人只会关注自己的感受，而忽略对方。良好的沟通需要具备三个要素：我、你和情境。当我们只在意自己时，"你"就会不存在，"你"变成"我"的一部分。

在亲密关系中，如果我们不学会表达情绪，而是不停地用情绪式表达进行沟通，两个人就会进入共生状态，仿佛彼此融为一体，自己的情绪就是对方的情绪。这往往会导致另一个问题：我们会把自己的情绪推给对方，希望对方去承担我们的情绪。

我有位来访者，她向我抱怨丈夫平时忽视她，并且没办法满足她的需求。她有时向丈夫抱怨自己很辛苦、很累，丈夫会非常烦躁，甚至回避她说的话。她说："我只是想让他陪陪我。"

我问她："你真的只是需要他的陪伴吗？还是你想让你丈夫把

你难过的情绪接过去，并且希望他想一些方法，让你能够快速从这种情绪中走出来？"

她想了一会儿，对我说："其实我渴望丈夫能够抱抱我，和我亲近一些，能关注到我的各方面。"

很明显，在双方沟通的过程中，我的这位来访者看不到她的丈夫，她只希望丈夫能像妈妈一样照顾她的情绪，同时明白她情绪背后表达的诉求。因为她无法独自承受这种情绪，想让丈夫跟她一起分担。但每个人的情绪只能自己化解，如果我们把情绪推到别人身上，别人会承受不了。

情绪式表达属于前语言期婴儿的一种本能的表达方式。那时候的我们还不会用语言表达自己的诉求，只能用哭闹等情绪化的表达方式来引起别人的注意。我们如果得不到满足，就会一直固执地用同样的方式表达自己。有些人在难过的时候会不停地哭，无论谁去安慰、劝解他都无法停下来。这对于想照顾他的人来说是很无力的。

情绪式表达有时会演变成一种控制手段。当我们在进行情绪式表达时，往往把自己放在受害者的位置上，认为对方伤害了自己。亲密关系中的双方如果长期用这样的方式进行沟通，就会缺乏边界感，双方都试图用情绪去控制对方，让对方改变，屈服于自己。表达情绪（两个人关系亲密的象征）就会变成让关系冷却，充满争吵和指责的情绪式表达。

那么，我们该如何做才能学会表达情绪，而不是情绪式表达？

首先，我们要学会管理情绪。我们要明白，别人即使再爱我们，也无法替代我们，无法管理我们的情绪。把情绪扔给别人，让对方替我们承担，这是一种不合理的期待。

其次，虽然我们不能依赖别人，指望别人来安抚我们的情绪，但是别人的陪伴可以有效缓解我们的不良情绪。

弗洛伊德在《性学三论》中提过一个例子。一个小男孩在黑暗的房间里大喊："阿姨，和我说说话！这里很黑，我很怕！"隔壁房间的阿姨回应："你又看不见我，叫我有什么用呢？"小男孩回复她："没关系，有人说话就会带来光。"

可见，别人的陪伴有助于我们抑制不良情绪的蔓延。这并不是说这种回应能让不良情绪马上消失，而是说当我们无法或害怕独自承受某种情绪时，别人的陪伴能减小这种情绪对我们的影响。

最后，坦诚地表达自己的隐性情绪。别人可以回应我们的诉求，也可以回应我们的情绪，但无法通过情绪精准地判断出我们的诉求。作为一个成年人，我们想表达自己的诉求时，可以坦诚地说出来，而不是通过发泄情绪，让对方猜测情绪背后隐藏的诉求。同时，我们要思考这些诉求是否合理，对方能否满足我们。

可能我们曾经遭遇过的事情、家庭教育方式，使我们养成了不直接表达情绪的习惯。我们如果一直采用情绪式的表达方式跟对方沟通，就会不断激发矛盾。我们要勇于表达自己真实的情绪，而不要进行情绪式表达，只有这样，我们的内心才会被看见，诉求才有可能被满足。

适度吵架能拉近双方距离

一般来说，我们认为吵架是一种极端的沟通方式，容易让亲密关系产生裂痕，但有时候吵架对亲密关系是有益的。平时我们在什么时候容易争吵？无法表达情绪的时候。在吵架过程中，我们更容易表达自己的真实想法，因此，对很多家庭来说，吵架是一种有效的沟通方式。

我读初中时，转到一所新学校。那所学校有两位老师是一对夫妻，他们每周一都会脸上带着伤痕，手牵着手一起去买碗。同学告诉我，这对夫妻经常吵架，互相砸东西，但只要到了周一，他们就会和好。我在那所学校上学两年多，一共看见他们买了十一次碗。前些日子，我参加初中同学会时看到了那两位老师，他们还是那么喜欢吵架，可感情丝毫没有受到影响。

从这个例子中我们可以看出，吵架只是这对夫妻的日常沟通方式，虽然这个过程不太美好，但这是他们的选择。正因为人们对吵架有不好的印象，以为吵架一定会影响感情，所以总想着忍一忍，别跟对方吵起来，结果越来越生气，会通过别的方式告诉对方"我很不爽"。

相比于压抑着情绪不表达，或许直接吵一架会对我们的身心和人际关系有更大好处。

那么，吵架对于我们来说，究竟有什么用？它能给我们带来什么？

吵架其实是表达攻击性的一种方式。这种攻击性一旦无法向外发泄，我们就只能向内攻击自己，因此有时为了自身情绪的协调，我们会选择跟别人吵架。当然，我们选择的吵架对象对于我们来说肯定是较为安全的客体，比如父母、伴侣或朋友。因为对不安全的客体释放攻击性，很可能会让我们受到伤害。

虽然吵架能释放攻击性，但很多"老好人"宁愿气到说不出话，也不愿意跟对方吵一架。他们内心的道德要求和行为标准（心理学所说的"超我"）在控制着他们，让他们只能做一个好人，不能对别人有恶意攻击或伤害行为。当超我太强大时，我们往往无法很好地表达不良情绪，更别说和别人吵架了。这时，我们就会自我攻击。

我有位朋友老张，他的妻子因乳腺癌晚期过世了。医生尝试了各种治疗方式，都没有挽回老张的妻子的生命。后来我得知，他妻子经常把情绪压抑在心里，不肯表达出来，时间久了，身体就不舒服了。老张很后悔，他无比希望自己的妻子当初能够把情绪释放出来，而不是压抑着。很多时候，我们无法表达出来的一些情绪会通过别的渠道表达，比如自我伤害。

更多的时候，吵架是想获取对方关注的表现。没人想用这种较为激烈的方式进行沟通，只是我们被忽略了太久，太渴望得到对方的注意，才会用这样的方式表达自己的情感。

我们可以把吵架看作一段关系安全的象征。我们处于一段安全的关系中时，就会表现得像个孩子，希望对方能像妈妈那样照顾自己、宠爱自己。有时为了检验这个"妈妈"是否可靠，我们就会去攻击对方。这跟男生说女生"作"是一样的道理，都是为了验证对方是否可靠，这段关系是否安全、稳定。

吵架是在呈现自己被压抑或者无法表达的情绪，是真诚对待关系的体现。特别是对于家庭来说，它需要的不是隐瞒或谎言，而是真诚的情感、态度。吵架虽然看上去是在激发矛盾，但实际上是在促进双方的情感流动，使双方借助这个机会表达出平时被压抑的情绪，无法言说的话。

此外，吵架还可以为自己提供澄清观点的机会。很多时候，我们如果想表达对方不赞成的意见，就需要使用吵架这种方式。因为它能帮助我们加强语气，表明自己的态度，让对方不得不暂停，倾听我们的想法。

人与人之间的边界感不强，很多时候是因为我们不知道该怎么做。在吵架过程中，我们可以向别人呈现自己的边界。俗话说

"兔子急了也会咬人"。在边界被入侵的时候，我们的本能会驱使我们用一些激烈的方式反抗。这是一种战斗的本能。所以，如果我们能在本能被激发出来的同时，通过吵架呈现自己的边界，那么这对关系的维护是非常有建设性的。

有一对夫妻，妻子经常指责丈夫，说他哪里做得不好，哪里必须改进。丈夫不胜其烦，忍无可忍时就会跟妻子大吵一架。只有在吵架的时候，妻子才会停止唠叨，明白丈夫也有怒气，也有不满。接下来的一段时间，他们会进行有效沟通，两个人之间的关系会平等一些。如果妻子一直唠叨，丈夫一直隐忍，这会让两个人处于很难受的状态，没有办法进行沟通。

总的来说，适度的吵架其实是一种沟通方式，可以帮助我们澄清和确定一些事。

不过，吵架也是有坏处的，如果处理不当，它就有可能成为伤害别人的方式。你想知道怎么吵架才能对我们的亲密关系有利，对我们的身心有益吗？其实很简单，我们只需要遵循几个原则即可。

第一，在吵架的过程中，我们不要使用带有侮辱性的语句。我们陷入某种情绪时，容易失去理性，说出一些人身攻击或侮辱对方父母的话。这样的话不但很伤人，而且还会把普通的吵架上升为恶意攻击的暴力行为。

第二，我们需要制定一个关于停止吵架的约定。无休止的吵架对两个人来说都是一种消耗，如果夫妻双方能制定一个停止吵架的约定，那么这对亲密关系的维护是很有帮助的。

我见过一对夫妻，他们之间有一个很有趣的约定：如果要吵架，一定不能在卧室吵，而且不管什么原因，睡觉前都必须停止争吵，即使内心有很多不满和怨气，也只能在第二天起来再吵。这个约定是他们双方都赞成并严格遵守的，所以他们的感情没有因为吵架而有丝毫的疏远，反而更加亲密。

得理不饶人，其实是一种道德自恋。即使我们在争吵过程中认为自己多么有道理、多么正确，这也只是我们自恋的一部分，并不真实，并不客观。因此，我们不要太过强硬地去争是非对错，或不断指责对方是一个坏人，是一个糟糕的人，更多的是要知道应该何时终止这个话题，不要让吵架影响双方的感情。

第三，吵架过后，我们需要一个互相表达情感的机会。这是三条原则里最重要的一条，它意味着本次吵架的真正完结。前文提到的那对夫妻除了给吵架制定时间、地点，在争吵过后还会进行一次总结。比如，妻子会直接向丈夫表达，在这次吵架中，丈夫在哪些方面做得不够好，让自己体会到被伤害的感觉。然后，双方一起协商出新的相处方式，避免下次出现类似的极度情绪化的争吵。我相信，双方比较平和地表达自己，并达成一个共识，才是吵架结束后应该有的样子。

两个人进入一段亲密关系，或多或少都会带有一些理想化的期待。但真正的亲密关系需要一个打破理想化的过程。总之，吵架可以被视为双方遇到问题时所采取的一种沟通方式，它的最终目的是解决问题，让两个人的关系越来越近，越来越深入。

多注意家人的隐性情绪

人有七情。所谓七情，就是喜、怒、忧、思、悲、恐、惊七种情绪的总称。但其实，人类的情绪有很多种。正确区分自己的情绪，对每个人来说都是很大的挑战。有时候我们流露出来的情绪并不是真实的情绪。显性情绪的背后往往藏着隐性情绪。

我举个简单的例子，这是我小时候的一次情绪体验。

小时候，父亲总是外出打工，家里只剩下妈妈在照顾我们。我弟弟从小就很容易生病，慢慢地，我成为撑起这个家的人。我十一岁的时候，偶然发现一个有很多废弃砖块的地方。想起妈妈每天都要经过一条很滑的泥路去洗东西，我就想把这些废砖拉回家，铺在小路上，这样妈妈以后就不用担心滑倒了。

我找邻居借了一个板车，把砖块放上去，打算拉回家。但这对于一个十一岁的男孩来说太难了，毕竟力量与体能还跟不上。当我把车拉到一个斜坡旁时，我无论怎么用力，都无法拉上坡，甚至还摔了两跤，把裤子都磨破了。在那一刻，我被绝望和无助淹没了，心想："怎么办，我是不是帮不了妈妈了？"幸运的是，有个叔叔帮了我。我很感激他。

当我灰头土脸地回到家时，我得到的并不是妈妈的夸奖，而是一句责备的话："你怎么又把裤子弄破了？"说实话，那一瞬间我很委屈，很恨我妈妈。我是为了她才不小心弄破了裤子，又不是出去玩弄破的。我明白，妈妈之所以会这样对我，是因为她不知道事情的原委，但她的指责让我感觉自己的价值被一下子否定了。所以当时我直接反驳她："破了又怎么样！"妈妈被我吓到了，并且有点儿难过，她的儿子第一次对她说话这么凶。

在整个过程中，如果我们没有看见隐性情绪，呈现在眼前的就只有我对妈妈的愤怒、妈妈对我的失望这些显性情绪。我背后的委屈、绝望、无助，妈妈背后的担心、失落都被忽视了。

用一句话解释显性情绪和隐性情绪的区别那就是：显性情绪可以直接被看见，隐性情绪无法被直接看见，它只能由我们通过其他方法来体会。看不见的隐性情绪会激发很多矛盾。

在一些家庭里，孩子的隐性情绪从来没有被父母看见过，甚至连表达都不被允许。这导致家庭总是充满了矛盾和冲突，每个人都在用愤怒表达各自隐藏的情绪。

很多人小时候可能都有过类似的体验：爸爸出差回来后给我们带了很多礼物。原本大家都很开心，突然妈妈向爸爸抱怨我们学习上的事情，爸爸瞬间就会变得很凶，指责我们没有好好读书，甚至把给我们的礼物都没收了。难道爸爸只是因为我们不好好学习而生气吗？其实不然。爸爸可能是因为自己外出工作，没有时间好好陪伴孩子，内心感到愧疚、懊恼，当他听到妈妈的指责后，他的愧疚体验就被激发了。但他不能直接表达出来，只能通过愤怒来传达。

每一种显性情绪背后都可能隐藏着几种隐性情绪。比如愤怒的背后可能是羞耻、恐慌、沮丧等。如果这些隐性情绪没被看见，没被关注到，我们就会用一种"恨"的方式表达出来，比如吵架、争论、指责。误解就是这么来的，而且这种误解会引发极大的冲突，有可能让原本很亲密的两个人瞬间变成仇人。

一位来访者分享了这样一件事。有一次她要出去跟丈夫会合，然后一起办事。她需要打车，但路上没有车。她给丈夫发信息说："没有车，打不到。"她丈夫打电话指责她："怎么连打车都不会！"她傻眼了，不知道丈夫为什么因一件小事这么生气。她尝试站在丈夫的角度去思考，愤怒的背后到底隐藏着什么。

她发现，那段时间丈夫一直处于工作压力比较大的状态下，而且平时丈夫照顾她多一些，此刻丈夫很想帮她，却无能为力。她发的那条信息就像火星一般，点燃了丈夫焦虑、无助的情绪，而这些隐性情绪的表达方式就是愤怒。她理解了丈夫背后的情绪后，就去安慰丈夫："你放心，我一定能准时到那里。我只是跟你说一下情况，我可以自己解决。"到了目的地后，她对丈夫说："我说打不到车，是不是让你恐慌了？我很感激你想帮我的心，但这些我可以自己做。"她丈夫的眼睛一下子就红了。

当我们的隐性情绪被亲近的人看见时，我们会特别幸福，如果对方看不见，只关注了显性情绪的话，两个人就会产生误解和冲突。

从上面提到的例子可以看出，显性情绪很容易激发两个人之间的矛盾和冲突。如果我们尝试发掘藏在显性情绪背后的隐性情绪，这不仅能帮助我们化解冲突，还可以给彼此的关系一个重新开始的机会。我们要怎么做，才能看见显性情绪背后隐藏的情绪？

首先，我们要增强共情能力。有首老歌叫《牵手》，歌词描述的就是共情体验。所谓共情，就是能够真正体会到对方的隐性情绪。为什么有些人好像天生会读心术，明白我们内心想什么？因为他们能够看见我们隐藏在背后的情感，甚至还能给予我们良性的反馈。

其次，我们要把自己从显性情绪中抽离出来。如果两个人都陷入某种不理性的状态，彼此看见的就只有对方的显性情绪。比如，我和另一半正在吵架，双方情绪都很激动，我们一边想通过愤怒来表达自己的想法，一边又害怕承受这种情绪带来的伤害，希望对方能把愤怒情绪马上收回去。这样的沟通往往会把两个人越推越远。所以，我们面对自己的家人时，记得不要被对方的显性情绪影响，因为一旦被影响，我们就会被激发起某种情绪体验，并陷进去出不来。

掌握了上面所说的两点后，下一步就是改变我们的表达方式。举个简单的例子。很多人可能会遇到类似这样的情景：丈夫在外应酬，妻子不断打电话问他什么时候回来，担心他在外面发生什么事。对于丈夫来说，这会让他觉得很烦，因为丈夫一方面要处理工作上的事情，另一方面要应对妻子的询问。实际上，妻子想表达的是"我很孤单，希望你能早点儿回家陪陪我"。下次我们不妨直接说出内心的期盼，告诉对方"我需要你"。对方可能会欣然接受，满足我们的需求。

在表达自己脆弱的过程中，我们会产生一种羞耻感，但这种表达往往是拉近双方距离的好方法。在传统教育中，表达脆弱、无力或委屈是件羞耻的事。孩子摔倒了，他觉得很痛，就坐在地上大哭不止。这时爸爸妈妈会说："有什么好哭的，别哭了！"慢慢地，我们就把这些感觉藏在内心深处，不再展示出来，因为害怕别人的鄙视或抗拒。可在成人世界中，脆弱正是我们想呈现给对方及对方想呈现给我们的东西。

不管怎么样，如果我们的隐性情绪能在关系中被对方关注到，我们就会有种被看见、被爱护和被理解的感觉，也就是在这一刻，我们成为对方生命中最重要的那个人。

长期不表达情绪，会令亲密关系更疏远

在清宫剧里，某些比较刻薄的妃子为了发泄自己的愤怒，经常欺负身边的宫女，用鞭子打她或用东西烫她的手等。那些宫女当着妃子的面不能流露出任何不良情绪，比如委屈、不满或愤怒，因为她们的性命被对方掌握在手里。但是这些宫女会偷偷做个带有妃子生辰八字的小人，每次被欺负就用针扎小人，以此发泄心中被压抑的情绪。

清宫剧里的这种表面顺从、背地里用扎小人的方式诅咒对方的情景，是一个人长期被压抑、不表达情绪所导致的结果。

虽然现实生活中的一些情况不像清宫剧里扎小人那么极端，但二者具有一定相通性。两个人看上去相处得好好的，没有矛盾，实际上两个人的关系不像一开始那么亲密了，而且还会越来越疏远。亲密关系之所以会疏离，可能是因为我们平时把对对方的不满、愤恨等不良情绪压在心里，不肯表达出来，只是在心里不断"扎小人"。长期不表达情绪让彼此的关系走到了尽头。

为什么不表达情绪会带来这么严重的后果呢？

首先，不表达情绪会导致自我封闭，让彼此的关系产生隔阂。这种自我封闭虽然可能是为了自己不受外界的伤害，但很伤人。

曾经有一对准备离婚的很有趣的夫妻找我做咨询。为什么说他们很有趣？因为他们离婚似乎没有任何原因。没有争吵，彼此没有出轨等任何背叛行为。离婚这一决定是妻子单方面提出的，丈夫并不同意，他不明白妻子为什么要离婚。他们想在离婚前做一次婚姻辅导，一起去看看这段婚姻到底怎么了，用丈夫的一句话表达就是"你要让我死个明白"。

在整个咨询过程中，丈夫不断声明："我对这段婚姻很满意，我对妻子也很满意。"妻子在隔壁听了丈夫说的话，冷笑着说："你是满意了，那我呢？你知道我满不满意吗？"接下来，妻子讲述了一件发生在五年前的事。在一次外出旅行中，妻子跟一个陌生人产生争执，她本以为丈夫会支持自己、帮助自己，没想到丈夫帮着外人一起欺负她。这件事让妻子彻底心凉了，她觉得自己很委屈、很无助，但她没有将这些感受向丈夫表达，而是藏在了心里。终于有一天，她无法再忍受下去，做出了结束这段关系的决定。

这个案例中的夫妻，从曾经很恩爱、很甜蜜的状态，到同床异梦，再到无可挽回，皆是因为没有适时地表达情绪。可见，情绪的压抑的确会导致亲密关系隔断，让两个人变得越来越陌生。

其次，长期不表达情绪会给别人留下一种很可怕的印象，让别人不敢亲近。当我们的语言、听辨能力还处于发育阶段时，我们会通过观察别人的表情来感知对方的心情。观察妈妈的脸色是婴儿的一种生存本能。如果一个婴儿眼中的妈妈一直没有表情，这个婴儿就会感到很恐慌，因为他读不懂妈妈的心思，不知道妈妈到底想做什么。当我们长大成人后，这种本能还会影响我们对别人的行为判断。很多时候，我们都需要通过别人的表情来判断其是开心还是不开心。我经常会听到一些妻子抱怨丈夫："我真的不明白我丈夫到底在想什么。我无论做什么，都无法引起他的注意。我做错了事，以为他会责怪我，但他还是像以前那样对待我，好像我对于他来说是可有可无的。"

有一对夫妻来咨询的时候，丈夫一直在说话，在表达情感，妻子一直很冷漠地坐在一旁听着。丈夫不时表示，很多时候他根本不知道妻子在想什么，好像自己做的一切她都不关心、不在意，连吵架都吵不起来，那种感觉真的很难受，他快憋死了。

听到丈夫的表述后，我问他的妻子："你是没有情绪，还是不想搭理你丈夫？"她回答我："其实我是害怕。如果我表达了自己的意见，我害怕影响我们的关系，也害怕丈夫会骂我，甚至打我。"丈夫听了妻子的话后很诧异。他不懂为什么妻子会觉得他会骂她、打她。他说："你既然把我看成这样的人，那你平时怎么不表达对我的不满？"他妻子回他说："我不会有任何的表达。但在我心里，我们之间曾经的那些美好在一点点消失。慢慢地，你对于我来说就好像死了一样，我对你没有任何感觉了。我想过无数次跟你离婚，只是我还没说出口。"妻子的这一番话彻底让丈夫崩溃了，他不知道为什么双方的关系会变成现在这样。

一段关系如果没有情绪的表达，就没有了情感的流动，两个人之间就像隔了个屏障，无法真正沟通。只有当我们知道自己在别人心里是什么样的，有什么样的价值，亲密关系才会更融洽。所以，让别人知道我们的态度、感受，是我们的责任。相比那些面无表情，永远都不知道他在想什么的人，我们更愿意和懂得表达情绪的人打交道。这样我们就会知道对方对我们是什么态度，会不会伤害我们。

更严重的是，我们不愿意去表达自己的情绪，就意味着我们把对方放在了对立的位置上，亲密关系变成了敌对关系。面对我们爱的人，我们不会隐藏自己的情绪，只有我们不信任对方，不想跟对方有进一步接触，才会选择不表达。这时对方已不再是我们的同伴或战友，变成了一个陌路人，甚至是敌人。

总的来说，长期不表达情绪不仅会对我们自己有影响，还会使亲密关系破裂。那么，我们该如何与自己的情绪相处，而不是一味地压抑它呢？

首先，我们要对情绪抱有尊重的态度，尊重自己的所有情绪。无论是喜怒哀乐，还是惊恐悲伤，这是每个人都会有的情绪，我们不能只要快乐的情绪，而不要其他情绪，这是违背自然规律的。我们只有明白这一点，才能和自己的情绪好好相处。

其次，我们要承认情绪。比如我现在感觉到特别害怕，就承认很害怕；我觉得很羞愧，也要承认。对自己要真诚，而不是一味地否认所有的东西或者压抑在心里。

最后，我们要学会接纳情绪。比如，在和另一半吵架的时候，我们可以尝试接纳对方愤怒的情绪，并察觉对方愤怒背后的无力和恐惧。如果我们能够做到这些，对方就会非常感激我们。这时，我们的情绪也会被对方接纳，形成良好的循环。

"扎小人"的方式看似是在发泄自己的情绪，实际上是在毁掉我们的关系。因此，学会适时表达情绪，不仅能够让我们的形象更加生动，还能让关系里的所有人知道，我们是如何看待自己、看待他人的。

遇到一个没有笑脸的家人，你辛苦了

笑容是最有魅力的表情。一个人笑得越大方，他的脸就看起来越迷人，开心的面部表情可以弥补不理想部位的缺失。在生活中，我们更喜欢和常常面带笑容的人接触。

小时候，我很喜欢去同学家玩，但其中一个同学家我只去过一次，就再也没去了。原因很简单，我跟其他小伙伴都感觉那个同学的妈妈不欢迎我们去玩。他爸爸很热情地招待我们，跟我们聊天，但他妈妈没有任何表情，对我们冷冰冰的。不仅我跟其他小伙伴感觉很不舒服，而且那个同学和他爸爸在家总是战战兢兢的。一个没有笑容的家人，会影响整个家庭的氛围。

一位美国心理学家做过一个实验，这个实验叫作"面无表情"实验。一开始，妈妈跟一个几个月大的婴儿很开心地互动，一直对婴儿笑，婴儿也很开心。随后，妈妈停止微笑，保持面无表情的状态一分钟。婴儿看到妈妈的样子，先是表现出惊讶，接着开始哭泣，哭得很伤心。妈妈伸手抱他，他的第一反应是往后缩。这说明"面无表情"的妈妈令他害怕了。

婴儿的反应最直接，他不会伪装或压抑情绪。很显然，突然没有笑容的妈妈让他产生了三种反应。首先是困惑，他不明白为什么妈妈突然就这样了；其次是害怕，面无表情的妈妈让他觉得有危险；最后是回避，因为他感觉有危险，所以本能地想通过逃离来保护自己。

婴儿看到没有笑容的妈妈所产生的这三种反应，也是成年人面对一个没有笑脸的家人时会产生的反应。

我们先来说说困惑。人与人之间互为镜像，很多时候，我们先通过表情去解读对方的情绪，然后再跟对方进行相应的互动。对方向我们展示笑容，我们会理解成自己是受欢迎的，是被对方喜爱的。比如，早上在电梯里看到邻居或同事时，我们向对方微笑，对方也向我们微笑。那一刻，我们感觉很好，觉得自己被对方看见了，对方是友善的人。如果对方面无表情，不理会我们，我们就会在心里嘀咕："这个人怎么这样？这么没礼貌！"所以，笑容是建立人与人之间关系的最好方式。

再来说说害怕。我们之所以会害怕，是因为看不懂对方，不知道对方会不会伤害我们。如果一个人总是面带微笑，我们会觉得他攻击性比较弱，是个带有善意的人。如果对方表情僵硬，无论我们说什么，都没有变化，我们就会担心对方对我们有些不满，或有攻击的倾向。

最后说说回避。人都有一个共性：希望能生活在充满爱和善意的环境中。当一个没有笑容的人走到我们面前时，我们的第一反应就是回避，因为对方并不会给我们带来被温柔对待的感觉。

我参加过一位朋友的家庭聚会。那天去他家玩的人很多，当我们坐下来闲聊的时候，我们不约而同地说起了他家的阿姨。我们问他："你家那个阿姨怎么回事啊？你是不是拖欠人家工资了？"因为那个阿姨笑得很僵硬，甚至比哭还难看，让我们感到很不舒服。为了不跟她接触，我们有事只会麻烦另一个阿姨。由此可见，一个没有笑容的人会影响整个环境，破坏整个氛围。

家是爱的港湾，它应该是充满欢声笑语、充满爱意的，而不是死水一潭、了无生气的。一个没有笑声的家，无法帮助家庭成员建立比较紧密的关系。因为我们不知道对方想要什么，不知道对方是否喜欢自己。这样的相处方式不可能带给我们安全、舒适的感觉。

如果我们的家人中就有一个比较严肃、不太爱笑的人，我们该如何跟他相处？我们需要主动做些什么，来调整或者改变这种状态呢？

我们要学会不去承担对方的情绪。如果家人总是因为自己心情不好，或者没来由地摆"臭脸"给我们，我们要给自己提个醒，虽然对方是我们的至亲，但情绪是每个人自己的，我们不能代替他承受。我们要告诉他："这是你自己的事情，我不能帮你承担，但我可以陪着你。"如果对方依旧不肯改变，或许我们可以试着远离他。当然，我们不要因为这一点而去揣测对方的好坏，二者没有联系，对方没有笑容不见得就是人品不好。

如果家人本来是个脸上充满笑意的人，只是这段时间没有了笑容，我们就有必要询问对方最近发生了什么事。他可能遇到了烦心事，没有说出来，压抑在心中。长期不表达情绪，会令亲密关系越来越疏远，所以这时我们跟对方的沟通就显得十分重要。

如果我们自己就是那个没有笑脸的家人，该如何改善这种情况，拉近跟家人的距离呢？

身为家庭的一分子，我们有责任与家人交流情感。我们可以尝试跟家人进行一些深层次的谈话。这类型的谈话能更好地展示我们的人格，也能让我们更容易理解家人的想法。我们越是敞开心扉地展开谈话，越能拉近彼此的距离，笑容也就会越多。

在谈话过程中，我们如果对家人有意见，或对他们说的话感到不舒服，可以直接表达出来，告诉对方："我现在感觉很不舒服。"这种直接表达比我们板着脸或面无表情效果更好，因为有表达就有交流，有交流就有动力，这样家庭的氛围才不会变得死气沉沉。

不管怎么说，我们都不希望家庭中有一个没有笑脸的家人，更希望生活在充满欢声笑语的环境里。笑容是一种具有感染力的表情，它对于亲密关系具有积极的影响。每天在家庭中以笑脸相对家人，假以时日，回报我们的将是一段安全舒适的亲密关系。

你在同情家人，同时也在嫌弃他

很多人以为同情一个人是在表达自己的善意，其实不尽然。我们换位思考一下，如果我们被别人同情，就会觉得不太舒服，觉得自己在对方眼里是个需要被照顾、被帮助的弱者，自己对别人来说没有价值。当这种体验发生在跟家人相处的过程中时，整个家庭的氛围就会变得很奇怪。

一位朋友曾经跟我谈论过他外甥的事。他外甥已经三十多岁了，一直没有找到合适的工作，他姐姐想把儿子托付给他，希望他帮她儿子找份工作。这使他对这个外甥的感情很复杂：一方面觉得他很可怜，另一方面觉得他很可气。可怜是因为他知道，外甥找不到合适的工作，归根结底是因为家庭教育出了问题；可恨是因为他觉得这个外甥很不争气，心里很嫌弃他，甚至不想让他继续待在自己身边，但又没办法。

我们不能同情家人，因为这会让彼此产生隔阂。我们同情一个人，可能会产生以下三种感觉。

第一，道德优势。我们在同情别人的同时，等于把自己放在了比对方高的位置上，去俯视对方，认为他很可怜，他需要我们的帮助。如果我们把自己放在与对方平等的位置上，我们产生的是共情和理解，而不是同情。

第二，优越感。优越感是一种很自恋的感受，它会让我们觉得自己是强大的，对方是弱小的。这种自恋进一步加深，会演变成一种病态利他的状态。所谓的病态利他，就是自己觉得"他没有我不行，他必须依靠我才能够活下去"。这时被同情的那个人就会成为我们的负担，等哪天我们不再愿意同情他，或我们的优越感得到满足后，这个人就会被我们嫌弃，甚至被我们抛弃。

第三，责任感。我们在同情一个人时，会觉得自己身上有一种责任感，特别是在亲密关系中，这种感觉会更加强烈：他的事必须由我来做，我必须帮他承担一部分责任。这会给我们造成很大的压力。如果不这么做，我们会觉得愧疚，就像我的那位朋友一样，很嫌弃外甥，可又不能不帮他。这种矛盾的心理会让我们很难受。

同情家人令我们很为难，因为在同情的同时，我们也许会对他们产生以上三种感觉。家人应该是我们珍惜、爱护的人，而不是嫌弃、厌恶的人。因此，我们内心会产生冲突。

一个女孩在网上向我寻求帮助。她说："我发现自己对男性有一种莫名的恨意。"我问她这种恨意是哪里来的，会让她想到什么。她说这会让她联想到一个画面。小时候，父亲做错了一件事，影响到了整个家庭。她看着母亲在不断责怪父亲，而父亲只是蹲在一旁抽烟，不说话。那一刻，她觉得父亲一下子老了很多岁，他在自己心里那种高大伟岸的形象坍塌了。她恨父亲变得懦弱，但看到母亲责怪他时，又觉得他很可怜。这导致她长大后找的男朋友都很弱，各方面都需要她帮助。相处一段时间后，她又觉得对方对她来说没有任何价值，开始嫌弃对方。

这种同情加嫌弃的模式，相当于把我们放在一个权力的中心，对方是被我们支配着的。我们可以随自己的心情去同情他或嫌弃他。在嫌弃他的同时，我们会有意或无意地跟他拉开距离，因为我们害怕陷进同情他的状态里，不断被索取。因此，当我们同情一个人的时候，我们跟他的关系是疏远的，不是亲密的。

有时候我们的同情出于把自己无法接纳的部分投射到别人身上，认为对方是个弱者。

我在一次聚会上听到一位女士在谈论她的丈夫。她说她丈夫原先挺好，后来由于一次投资失败，整个人发生了天翻地覆的变化。在她看来，丈夫从一个原本充满朝气、为事业努力打拼的男人形象，变成一个颓废在家、整天无所事事的废人形象。这种转变一方面令她觉得丈夫很可怜，另一方面令她难以接受。她小心翼翼地对待丈夫，处处以他为先，但她这样的做法换来的不是丈夫的感激，而是愤怒。丈夫指责她为什么要这么对他。她很不理解：为什么自己对丈夫这么好，并没有嫌弃他，他还要生气？

听到这里，我反问她："当你这样小心翼翼对待你丈夫时，你内心是怎么想的？"她说："我觉得他可能没有未来。"这句话意味着她已经把自己的丈夫当成了废物。她以这种心态去同情她丈夫时，就把"你是废物"的感觉扔给了对方。她同情丈夫，是因为一下子无法接受丈夫的变化，认为丈夫很可怜。但她丈夫自己并不这样认为。没有人愿意承认自己是个废物，自己是别人的累赘。所以，她丈夫才会如此愤怒。

人与人之间的相处需要的是理解和支持，不是同情。每个人都希望，在自己陷入困境时，得到的是真诚的帮助，而不是包含同情的施舍。

如果家人一直处于较为低落的状态，我们怎么做才是对对方真正的帮助呢？

千万不要去同情他。通过上面的分析，我们得知，同情一个人也是在嫌弃他，认为他是个弱者，是个需要我们帮助和照顾的人。这对我们和家人的相处没有益处，会使我们把对方当成累赘。

我们可以尝试去陪伴他。陪伴对很多人来说都很重要，它能够给予人力量。我们只需要抽出一点儿时间，安静地陪在家人身边就可以了，不需要对发生的事或家人发表任何评论。

有时候，讲道理或说一些自以为是安慰的话，反而会激发起对方的愧疚，让他有种"原来自己真的很糟糕"的体验。这些话会起心理暗示的作用。原本对方只是在发泄郁闷的情绪，如果我们对他说类似"你怎么这么容易就放弃？只有懦弱的人才会放弃"这样的话，对方的愧疚感以及对自己的谴责感就被激发出来，他会更加难受。所以，安慰的话并不一定能起到安抚的作用，反而会引起对方的愧疚，导致情况进一步恶化。

更重要的一点是，如果我们内心对家人有一种嫌弃的感觉，我们就需要搞明白，我们是否把自己的感受投射到了对方身上。没有人想成为累赘，我们都希望自己对别人是有价值的。

虽然同情本质上是善意的，能让我们帮助更多的人，但在面对家人时，同情不是该有的态度，善意的同情不能用错地方。家是滋养我们的地方，我们不要把它变成互相伤害的战场。

情绪的相互影响与共情

　　"夫妻本是同林鸟，大难临头各自飞。"虽然这只是一句俗语，但在有些人身上应验了。在日常生活中，受道德规范与社会规则的约束，人们会把真实的自己隐藏起来，但在困境面前，最真实的一面就会显露出来。

　　几年前，我老家无锡附近地震了，一位朋友的房子受到了影响。没想到这次小小的地震成为他们夫妻关系恶化的转折点。在地震来临时，我朋友独自跑了，没有带上妻子和孩子。震动过后，他问妻子："你有没有事？"那一刻，他妻子哭了，哭得很绝望。她指责我朋友说："你怎么可以抛下我跟孩子就跑了？我知道你害怕，但是在家里，你就是我们的顶梁柱，是我跟孩子的依靠，你不能抛下我们自己逃跑。"我朋友辩解说，这只是自己的本能反应，不是故意抛弃他们。无论我朋友怎么解释，他妻子始终认为，他没有顾及妻子与孩子的生死。这件事就像一根刺扎在了他妻子的心里。

两年后，他们离婚了。我朋友问我，为什么他妻子不能体谅一下他。我跟他说："是你没有站在妻子的立场上思考。"从他们平时的相处中可以看出，我朋友只是在做一个自以为很好的丈夫。比如，妻子做了一天家务很累，想休息一下再做饭，这位朋友会说："平时上班赚钱已经够累了，回来连一口热饭都吃不上。"妻子听后很委屈，觉得丈夫不体谅自己。类似的事情很多。他没有站在对方的立场上去体会对方的不容易，他没有共情能力。

从这个案例中我们可以看到，没有共情能力的人无法体会到他人的情绪波动，这会给对方带来伤害，特别是当对方是他最亲近的人时。

共情的重要性不言而喻。那么，一个拥有良好共情能力的人会带给我们什么感受？

我来讲一个亲身经历的故事。去年我弟弟生了一场大病，他的脑部出现了异常，需要做手术。我弟弟从小身体就不太好，经常去医院，他很害怕生病。当他知道要做手术时，他害怕到整夜失眠。

那些天，父亲天天去重症监护室陪着我弟弟。照顾病人是件很辛苦的事，特别是我父亲年龄比较大，更加吃力。我劝他："你别去了，太辛苦了。"但他还是坚持要去。他说："我看着你弟弟长大，知道他是个很胆小的人。现在他遇到这么大一件事，肯定很害怕，我一定要去陪着他，给他点儿支持。"

在弟弟住进重症监护室的第二天，我再次去医院探望他，看到我父亲握着弟弟的手，两个人都睡着了。我一直没觉得我的父亲是个共情能力特别强的人，他平时很少这样表达自己的感情，所以在那一刻，我感触挺深。我们一家人聚在一起，共同对抗病魔，产生了精神上的联结。这就是家人间的一种强烈的共情体验。

我母亲也是个比较胆小的人，很容易焦虑。我们一直没有把弟弟住院做手术的事告诉她，担心她会因过度担心弟弟的病情而崩溃，更担心她这样的情绪会影响我弟弟，使我弟弟更害怕。两个人的情绪相互影响，相互叠加，会加剧恐惧的程度。

我们可以看到，共情需要精神上的联结，不是所有的"感同身受"都是共情。如果我们过度陷入对方的情绪中，只会适得其反。

很多母亲出于对孩子的爱，过度陷入自己的情绪中，但这并不是真正的共情，更多的只是一种情绪的蔓延。这就像我弟弟无法承载母亲过多的担忧，他的身体不会因为母亲的担心而康复一样。

很多时候，面对一些自己无法承受的情绪时，我们渴望身边最亲近的人能替自己分担一下，哪怕对方没有承担能力。这是一种不合理的期待，因为情绪是自己的，别人没有义务替我们分担。

既然我们知道情绪会相互影响，而且共情对于人与人之间的相处很重要，那么我们怎么做才能更好地和自己的或他人的情绪相处，而不是陷入某种情绪中，看不见别人？

首先，我们要注意边界问题。在很多家庭中，边界问题经常被忽视，父母总觉得孩子属于自己，孩子不能设立边界，不能有自己的空间。这就形成一种糨糊逻辑：你的事是我的事，我的事是你的事，彼此没有边界。在这样的相处模式中，情绪更容易蔓延。

可能有人经常在家里（特别是经常发生冲突的家庭）听到类似这样的话："都是因为你，我才会这样。""你应该这样做，我们才能更好。"我们之所以说这样的话，是因为我们对对方有一种不合理的期待。

其次，我们不要把自己或对方看成一台机器。我们不要以为有些情绪、有些事按一下按钮就不存在了。很多人都会有这样的愿望，但这种愿望是不会实现的。更糟糕的是，有时我们为了不让自己的愿望落空，就会成为一个控制型的人，把对方看作一台可以用按钮操控的机器，尝试用我们的情绪控制对方的情绪，强制对方跟着我们的节奏走。

此外，我们还需要厘清自己和父母之间的关系。或许很多人有这样的感觉，小时候自己很讨厌情绪不稳定的父母，长大后却成为他们的翻版。我们以为的不认同，其实往往就是一种认同。我们要明白，父母情绪的不稳定是他们自己需要解决的问题，我们不需要承担父母的情绪，也不需要对此做出任何评价。

　　如果家庭中的某一人是权威中心，所有家庭成员就会倾向于他。有时候我们的情绪只是为了引起别人的关注，因为我们渴望成为那个中心，让所有的家庭成员都围着自己转。因此，当我们陷入某种情绪时，或许我们可以思考一下：当下的这种情绪是为了吸引别人的注意，还是我此刻真实的感受？

　　不是每个人都具有共情能力。有些人为了否认这个事实，会不停地说："我已经很顾及你的感受了，你还想怎么样？"他们这样说看似表明自己是个有共情能力的人，但在关系中，这更像威胁或者侵入。我们需要承认自己的不足，然后加以改进，而不是去否认，甚至掩饰。

　　面对家人，我们可能会把他们当作满足我们诉求的工具，没有真正站在他们的角度体会他们的感受。这样的我们更像个陷入情绪中不能自拔的小孩。处理好自己的情绪，阻断不良情绪的蔓延，是我们要做的功课。

阻断家庭成员的负面情绪蔓延

有一种心理学效应叫踢猫效应，它与一个故事有关：爸爸在外面工作受了气，回家看到孩子在沙发上跳来跳去，觉得很生气，骂了孩子一顿。无辜挨骂的孩子，转头踹了猫一脚。猫受惊了，逃到街上，这时一辆卡车开过来，司机赶紧避让猫，却把路边的孩子撞伤了。

这就是一个情绪蔓延的过程。爸爸把气撒在孩子身上，而孩子欺负猫，猫因为害怕逃到街上，导致了意外的发生。人与人之间的情绪很容易相互影响。家是一个整体，如果某位家庭成员有负面情绪，其余的家庭成员会受到他的影响。很多时候，原本只是一个人不开心，后来所有的家庭成员都不开心了。

我们该如何阻断负面情绪的蔓延呢？在此之前，我们需要了解一下家庭中情绪的蔓延是如何发生的。你只有明白了情绪蔓延的根源，才能找到切入点，阻断负面情绪的蔓延。

家庭成员的情绪蔓延通常是通过家人之间的互动传播的。我曾在一档电视节目中看到过这样一个故事。一个普通的三口之家，儿子不幸染上了毒瘾，他们希望从节目的专家那里得到一些帮助。我们都知道，瘾君子一旦毒瘾发作而得不到满足，就会产生一种强烈的愤怒情绪，甚至出现攻击性行为。这是他们这个家庭面临的最苦恼、最羞耻的问题。儿子在节目中说："父母都不理解我，毒瘾真的好难戒。我很想戒，但是实在力不从心。"从父母的角度来看，他们觉得这个孩子给他们丢脸了，并给他们造成了很大的压力。

每当这个孩子用暴力的方式表达愤怒时，父母都会感到很绝望，有时还会这样想：这个孩子不要也罢，他最好不要再出现在我们的生活中。这样的想法体现在生活中的方方面面。孩子回到家，父母的第一反应不是迎接，而是远离、回避。这个孩子每次面对父母冷漠的态度时都会感觉很伤心、很愤怒，觉得自己的委屈没被看见，他在这个家没有地位，随时被忽略。

这样就会形成一个情绪循环：孩子的愤怒引发父母的回避，而父母的回避再次引发孩子的愤怒。很多时候，情绪的蔓延是通过家人之间的互动呈现出来的，就像感冒一样，由一个人传染给另一个人，然后再继续扩散。

此外，情绪的蔓延也有可能由家庭中权力最高的成员引发。这是什么意思呢？如果爸爸是家里的主要经济支柱的话，那么当他在外面受到一些挫折或不公正的待遇，并且没有办法调节时，他就会把这些不良情绪带回家。妈妈看到爸爸这样的状态，会下意识地无条件迁就他，因为她害怕激怒丈夫，由此影响家里的收入或引发其他问题。孩子看到父母之间这样的相处方式后，会受到他们情绪的影响，表现得很乖巧。

在中国家庭，我们习惯于将所有的资源向家庭中的权威者倾斜，而且会围绕这个权威者去进行家庭互动。因此，这个人的情绪波动很容易影响整个家庭的氛围。

还有一种情绪蔓延的情况是部分家庭成员主动参与到这个过程中。最常见的就是成年子女参与父母的争吵。比如，有些过年回家的子女，原本以为可以一家人好好团聚，开开心心地吃饭，但一进门就看到父母在吵架，或者妈妈坐在一边不停叹气，而爸爸很生气地看着妈妈。子女可能会被这种氛围感染，一下子进入战斗状态。有些子女会倾向于妈妈，询问妈妈发生了什么事，跟妈妈站在一条战线上去数落爸爸。这样的做法会使爸爸的情绪更加激烈，使原本温馨团圆的家庭演变成兵刃相接的战场。

不管是父母还是子女，作为一个成年人，我们应该阻断这种情绪的蔓延，而不应该成为情绪蔓延的一分子。

没有人想长期处于负面的情绪里，因为这会让自己和身边的人都很压抑。那么，我们该如何阻断负面情绪的蔓延呢？

首先，我们需要厘清"这到底是谁的情绪"。每个人都应该为自己的情绪负责，而不应该把情绪转移到别人身上，即使对方是我们最亲近的家人，也不可以。踢猫效应中的爸爸被上司指责而不开心，于是把这种情绪发泄在孩子身上，无意中使孩子替自己承担了这种情绪。这种情绪是属于爸爸的，不是属于孩子的，无论孩子做什么或承受什么，都不可能消除爸爸的不良情绪。因此，分清情绪的归属是我们阻断它蔓延的首要步骤。

其次，我们可以和家庭成员的情绪保持一定的距离。如果我们的父亲或母亲是个情绪波动比较大的人，我们跟他（或她）的情绪保持一定的距离，会有效避免自己被牵扯进去。我们如果太过靠近他（或她）的情绪，就会"救火"不成，引火烧身。

另外，我们还要学会承受自己的情绪，不要使自己的负面情绪影响家人。很多人都不愿意这样做，因为有些负面情绪太强烈了，会让我们产生躲避心理。我们希望家人帮自己摆脱这种感受，于是用其他方式把自己的情绪发泄到家人身上。如果我们想为家庭做出一些贡献，那么处理好自己的情绪就是我们最好的贡献。

在处理好情绪后，我们需要组织一次讨论。家庭成员之间讨论一下，有没有适用于彼此的更好的相处方式。我有位朋友，当他陷入某种情绪时，他会告诉妻子："我心情不太好。我知道你很关心我，但现在我想一个人静静地待着。"这两句话不仅让妻子知道自己看到了她的关心，还获得了适合自己处理负面情绪的方式。他的妻子听到他这么说后，会尽量不去打扰他。如果孩子想找爸爸，她会跟孩子说："现在爸爸想一个人待一会儿，你一会儿再找他玩。"

这种处理方式很好地避免了家庭可能会出现的问题，而且避免了彼此卷入对方的情绪里。如果这位朋友没有选择说出自己的想法，他的妻子就可能很焦虑，一直担心丈夫，进而影响孩子的情绪。

我们所说的阻断就是指各自承担，各自负责。家庭中最重要的一个原则就是"谁痛苦谁改变"，而不是"谁痛苦我改变"。我们只有明白这一点，家里的每个人才能更好地调节自己的心情，减少不良情绪的蔓延。

第
三
章

3

相处界限：
守好自己与家人间的边界

爸妈，你们吵架不要再拉上我了

　　有部电视剧叫《请回答 1988》，里面有一幕大女儿和二女儿一起庆祝生日的场景。二女儿一直跟姐姐一起过生日，父母没有为她单独庆祝过生日，她觉得自己很委屈，忍不住对父母发脾气。爸爸走出来安慰闹脾气的二女儿，对她说："爸爸也是头一次当爸爸，所以我女儿稍微体谅一下。"这句话感动了很多人。的确，大部分人都是第一次做父母，我们有做得好的，也有做得不好的。

　　父母无论做得好不好，都会影响孩子一辈子。孩子会把跟父母的相处模式延伸到其他关系上，会用父母对待自己的方式对待世界，会用父母处理矛盾的方式面对自己人生中的困难和争执。现在很多人都知道，夫妻吵架不能当着孩子的面，否则会影响孩子未来亲密关系的建立。但是，在现实生活中，很多人还是会把孩子牵扯进夫妻的争吵中。

　　我有位咨询师朋友，他跟我聊过一些事。在他幼年时，他的父母经常争吵。成年后，他脑海里经常闪现一个画面：妈妈抱着他要跳楼，爸爸在隔壁暴跳如雷，偶尔外婆还会在旁边参与战争。为了隔离这个场景，他会想象另外一个美好的画面，暗示自己眼前发生的一切都是想象的，只有脑子里那个画面才是真实的。后来，这种功能严重影响到他跟伴侣的相处。一旦对方说话大声一点儿，他就会马上开启想象的功能，把对方屏蔽掉。这固然可以保护自己，但同时也会让伴侣感觉自己跟他没有交流，情感是不流动的。

为什么有些父母吵架时习惯带上孩子？

首先，每个人在争吵时，内心会有两方面的感受，一方面是愤怒，另一方面是害怕。这时我们需要一位战友跟我们站在一起，给我们力量和支持。孩子作为父母的情感纽带，是跟父母关系最亲密的人，往往会成为父母的最佳战友人选。这样的选择会让孩子承受极大的压力。对于孩子来说，父母关系和谐是一种安全体验，能让他感到安心。强迫孩子选择其中的一方，和另一方处于对立的状态，这会使他很为难。

其次，把孩子当成吵架的借口，孩子被迫参与争吵。很多父母经常会在孩子的教育问题上出现分歧，然后吵起来。拿孩子说事儿，其实更多是一种借口。表面上他们在因为孩子的问题吵架，实际上是夫妻关系出现了问题，夫妻之间的共同话题只剩下孩子，孩子成为维系夫妻关系的核心。对于父母来说，此时孩子是战友，可这会让孩子觉得这一切都是自己的错，自己是家庭的破坏者，毁掉了父母的关系。

父母当着孩子的面吵架，一般来说，孩子会因此产生四种不良的心理感受。

第一种是困惑。孩子很难理解引发父母争执的具体问题，他不明白父母为什么会吵架，感到很困惑。孩子一旦对真实世界里发生的事情感到困惑，就会失去掌控感，认为事情的发展是不可控的，内心会特别恐慌。

第二种是认同。虽然孩子不明白父母吵架的根源，但是在父母吵架的过程中，孩子会被他们的那种激烈情绪感染，从而产生一种非常强烈的情绪上的认同感。孩子一方面会认同家里的强者，另一方面会同情弱者。因此，孩子的这种情绪认同感大致分为两类，一是暴跳如雷，二是难过无助。对于孩子来说，"手心手背都是肉"，他站在强者的角度指责弱者的同时，也会为弱者感到难过。

第三种是感觉被困住，无法挣脱。父母是孩子最亲近的人，孩子不愿看到父母争吵。但孩子不能选择离开，因为他害怕自己一旦离开，父母之间的关系会进一步恶化。在一个父母经常吵架的家庭里，孩子会躲在一个角落里呆呆地看着自己的父母。这时即便孩子被抱开或拉开，离开了那个场景，他的心也会留在原地，他会一直惦记着父母。

第四种是无法免责。当父母当着孩子的面吵架时，孩子会觉得周遭的一切都不安全。孩子会主动担责，认为这一切都是自己造成的。他会产生一种特别强烈的恐惧感，害怕自己毁掉父母的关系，还会有一些不合理的期待，希望父母马上停止争吵。

受以上四种心理感受的影响，如果家长经常当着孩子的面吵架，甚至把孩子卷进争吵中，孩子很容易变得特别自卑，甚至自我封闭，不愿意和外面的世界接触。长大后，孩子对于回家会有一种恐惧感，害怕回到家第一眼看到的场景是父母在争吵。

有一位来访者跟我说，每次接到家人的电话，她就会很紧张，很害怕。她每次接起电话，要么是妈妈哭诉爸爸怎么对她不好，要么是爸爸抱怨妈妈如何不讲理。她明明已经离开家很多年，但每次接到这样的电话都感觉回到了小时候，有时候因此不敢回家看父母。有一次，她实在无法忍受，很想摆脱这种状态，就直接跟父母说："你们的事我管不了，小时候我已经很痛苦了，现在你们不要再来毁掉我的人生！"接下来的一段时间，她父母的确不再打电话给她。

令人惊讶的是，她父母的关系变得和谐了，因为他们有了共同的"敌人"——自己的女儿。他们逢人就说自己的女儿不孝顺，不体谅他们，还凶他们。虽然这个结果令人哭笑不得，但起码父母站在了同一条战线上，而不是各自为营，相互攻击，他们的关系在这个过程中越来越近了。

父母吵架不要拉上孩子，否则会令孩子夹在中间左右为难，还会影响他日后的发展。如果父母情绪管理能力比较弱，当着孩子的面发生了争吵，或孩子事后知道了父母吵架，有几件事我们必须要做。

第一，我们要明白夫妻之间吵架是夫妻双方的事，跟孩子无关。这是一个与边界有关的问题，夫妻之间的事应该由夫妻双方解决，不应该让孩子承担，或把气发泄在孩子身上。部分父母吵架后，情绪起伏比较大，如果这时孩子在一旁调皮，他们就会忍不住责骂孩子。他们以为自己是在教育孩子，其实他们只是在发泄情绪。

第二，我们要向孩子澄清，这不是他的错。孩子发现父母吵架后，会认为这是自己的错，父母吵架是自己造成的。父母要及时对孩子说："爸爸妈妈吵架不是因为你，我们都爱你。"

第三，我们要为孩子提供一方心理净土，一个安放他情绪的地方。每次吵完架后，父母都应该跟孩子进行深入的交流，告诉他在这个过程中，父母之间到底发生了什么。当然，是否这样做取决于孩子的实际情况，有的孩子不需要父母过多解释就会明白，有的孩子需要父母和他好好地沟通才会明白。

第四，父母争吵过后，需要明确告诉孩子："这是爸爸妈妈之间的事，无论发生什么事，我们都同样爱你，你永远是我们的孩子。"这样孩子会有安全感，不用每天担心：爸爸妈妈今天会不会又吵架了，他们会不会不要我了。很多父母都会把对伴侣的怨气发泄在孩子身上，比如，对孩子恶语相向，不理孩子，不回应孩子的需求等。这对于孩子来说是一种被抛弃的体验。

我家小儿子有个同学，他每次来我们家玩都处于神游的状态。几个小伙伴在客厅一起玩耍，只有他一个人呆呆地坐在一旁，似乎无法融入这个环境。后来，我了解到这个孩子的父母经常吵架，甚至打架。每次看到父母争吵，孩子就会进入神游的状态，仿佛眼前发生的一切都不存在，久而久之，这成为孩子自我保护的方式之一。由此可见，孩子如果无法从最亲近的人身上获取对关系的信任感，就无法投入其他关系里。

父母争吵很正常，但千万不要拉上孩子，不要当着孩子的面争吵。这是为人父母者必须做到的一点。如果他连这一点都做不到，那么只能说明他自己是个孩子，而不是一个成年人。

爸妈感情很好，我却妒忌妈妈抢了爸爸

当你看到一张父亲带着女儿玩耍的照片时，你可能会感慨："女儿是爸爸上辈子的情人。"父女间的亲子关系本来应该是让人感到温暖、忍不住羡慕的，但是我有时在网络上会看到一些不一样的言论。有些妈妈会说："老公被女儿抢走了。""老公只听女儿的话，都不听我的。"从这些言论中可以看出，这些妈妈对女儿心存妒忌，她们认为丈夫和女儿之间的关系太亲密了，他们两个人走得太近了，甚至有时已经近到没有了自己的位置，仿佛女儿才是丈夫的妻子。这其实是一种成人妒忌，妈妈把女儿看成了竞争者。

出现这种情况的妈妈在童年时期可能有过这样的经历：幼年的她一直很妒忌爸爸妈妈之间的亲密关系，想从中破坏，但并没有成功。长大后，她找了一个跟爸爸很像的丈夫，而且很依赖自己的丈夫。她很害怕自己的女儿抢走丈夫，让她再一次失去"爸爸"。

为什么有的孩子会妒忌爸爸妈妈之间的亲密关系，还会把这种妒忌延伸到成年后，投射在自己孩子身上呢？

女儿有了性别意识后，接触的第一个异性就是自己的爸爸，她很希望自己能跟爸爸建立比较亲密的关系。如果爸爸比较宠爱女儿，女儿这样的愿望就会更加强烈。此时，妈妈会变成女儿的假想敌。女儿会跟妈妈争夺爸爸的宠爱，她会妒忌爸爸妈妈之间的亲密行为，还会远离自己的妈妈。

同时，夫妻之间的亲密度也会影响整个家庭的相处方式。有些夫妻感情发生变故以后，爸爸会把自己对妻子的情感放在女儿身上，这会使女儿更依赖爸爸，不能从迷恋爸爸、妒忌妈妈的成长阶段里走出来。

我曾经遇到过一家三口，女儿已经十几岁了，爸爸还是会当众跟女儿搂搂抱抱，甚至嘴对嘴亲吻。妈妈坐在一旁，好像对这件事早已习惯，不觉得有任何问题。在旁人看来，这件事很不对劲，但无法具体说出哪里不对劲。后来通过了解，我发现这位妈妈在外面有个情人，她对丈夫已经没有感情了，只是表面维持着这个家。女儿则成为她的替代品，代替她跟丈夫建立亲密关系。妈妈不想跟丈夫再有任何亲近行为，只能把女儿推过去，让丈夫把对妻子的情感转移到女儿身上。这样会让女儿日后无法建立健康的亲密关系，影响女儿的择偶观。如果一个家庭出现了问题，谁也逃脱不了责任。

如果夫妻之间的关系很亲密，没有任何问题，女儿还会妒忌妈妈的话，这就说明在她的成长过程中，父母没有明确告知她：
"爸爸妈妈之间的爱是伴侣之爱，我们要携手共度一生；对于身为
女儿的你，我们之间的爱是父女之爱、母女之爱。"当女儿充分明
白这个道理后，关系亲密的父母就会成为她的榜样，促使她长大
后建立属于自己的亲密关系。所以，生长在父母关系和谐的家庭
的孩子，相比生长在父母之间经常争吵的家庭的孩子，在建立亲
密关系时会更顺畅，无论是选择的对象，还是选择的相处方式，
都会更好。

另外，爸爸可能赋予了女儿太多权利，比如，把原本只属于
妻子的权利也赋予了女儿。爸爸疼爱女儿，这很正常，而且女儿
获得爸爸的爱，对于她来说是一种身份的象征，也就是说爸爸赋
予了她一个身份。但过度的疼爱，过度的权利，会让女儿觉得爸
爸是自己的，妈妈是第三者。这种错误的占有者身份，会让女儿
在无意识中对父母的亲密关系产生妒忌，从而不断破坏父母之间
的关系，因为她认为自己有权力或有责任干涉爸爸妈妈之间的事。
而且这样的状态会延续到成年后。

有些小女孩会偷用妈妈的化妆品，穿妈妈的衣服或鞋子，一
方面是因为好奇，另一方面是因为想向妈妈靠拢，想成为和妈妈
一样的人。她认为自己只有变成这样，才能跟爸爸保持亲近的关
系。此时她内心很纠结，一方面她把妈妈当成假想敌，想取而代
之；另一方面她会觉得很羞耻，因为她认为自己的一切都来自妈

妈，她现在这么做感觉就像在抢妈妈的男人。

这时，孩子会感到很痛苦，不知道该怎么办。孩子一旦开始感觉痛苦、不知所措，跟妈妈和爸爸之间的相处模式就会发生变化，比如会排斥妈妈的关心，或者无意识中远离爸爸。这会让很多爸爸感到困惑：为什么女儿原本跟我的关系那么亲密，突然有一天她开始躲着我了？

身为父母，我们察觉到孩子的变化时，不要大惊小怪，要学会接受孩子的这个过程。在这个时期，孩子只要能够得到父母充分的爱，同时感受到父母之间的爱，孩子对妈妈的妒忌也好，对爸爸的占有欲也好，就不会持续很长时间。

身为父母的我们首先要做的是允许孩子这个角色、这个身份的存在，并给予她所需要的爱。我之所以特别强调这一点，是因为有些孩子的出生是父母没有预料到的，是个意外，这会使孩子认为自己是个累赘，是多余的，不被父母所爱的。因此，她才会妒忌妈妈，想办法破坏父母之间的关系。有时候，孩子这种无意识的力量很可怕，父母一定要多留意自己孩子的成长状态。

作为一个女儿，我们成年后如何处理对妈妈的这种妒忌？

首先，我们要学会把这种感受坦诚地说出来。如果直接说出来感到难为情，我们可以采用开玩笑的方式去表达。表达自己的感受，是发现问题的第一步。

其次，我们要从心理上学会独立自主。大多数人在幼年时都会经历挫折，我们称之为适度的成长挫折。这段时期是我们建立其他关系的最好时期。成年后，我们可以尝试从家庭中分离出来，成为一个独立自主的人，去过自己的生活，不再依附父母。

最后，我们要明白，无论如何，夫妻关系在家庭关系中永远占据第一位。我们虽然是他们的女儿，很爱这个家，但不能介入父母之间的事，要尊重他们的边界。我们要明白"爸爸与妈妈是一体的，虽然爸爸很爱我，但他是我的父亲，他应该跟妈妈的关系更加亲密"。让父母之间的关系变得更加和谐，这是作为女儿的我们为家里做出的最大贡献。

有些女儿可能因妒忌自己的妈妈，故意在爸爸面前把自己打扮得漂漂亮亮的或穿着很暴露，以此吸引爸爸的注意。这种现象只是因为我们没有意识到自己跟父母的边界问题。当我们察觉到这一点后，一方面我们可以对家人之间的边界问题做个梳理，另一方面我们需要尽快从原生家庭中分离出去，建立属于自己的人际关系、自己的家，不然我们会一直跟父母纠缠在一起，没办法很好地解决这个问题。

"若要好，老敬小"是一种自我负责

"若要好，老敬小"，意思是在一个家庭中，如果长辈能够对小辈多些尊重，或者更包容一些，这个家庭相对来说就会更和谐一些。

在现实生活中，很多老人会以教育者的姿态自居，习惯性地指导小辈。我们经常听到家里的长辈说这样一句话："我吃的盐比你吃的米还多。"意思是，无论是他们的人生阅历，还是收获的经验，都比我们多，所以我们应该听他们的话。从某种程度上说，长辈的经验确实有用，因为那是根据他们走过的路、做过的事归纳总结而成的。但社会在不停地发展，人的思想也在变化，过去老一辈的经验并不一定符合我们的人生，符合我们的选择。所以，每当他们要求我们按照他们的方式去做时，我们都会产生一种矛盾心理：一方面想自己去探索新的方式，不想全盘接受；另一方面又碍于孝道文化，不能不听从父母的话。这种内心冲突慢慢会演变成家庭内部的冲突，导致家人无法相互理解。

很多人觉得父母的生活习惯跟自己的相差太远，比如，有的父母总是吃剩菜，有的父母为了省一点儿钱总是去很远的菜市场买菜，还有的父母喜欢囤包装盒和包装袋。

有一天，我的一位朋友打电话给我，问我能不能帮他介绍一个比较好的医生。我问他怎么了，是不是生病了。他说不是，是他妈妈食物中毒住院了。他的妈妈是湖南人，比较喜欢自己腌制一些东西。这次的腌制食品没有经过彻底加热，导致他妈妈上吐下泻，被送进医院抢救。我朋友又心疼又生气，他告诉过妈妈很多次，不要再吃腌制食品，要吃些新鲜的菜，但她不听，导致她现在住进了医院。他妈妈的做法是一种不负责任的体现。知道腌制食品不好，却还要吃，这是对自己身体的不负责任；没有听取孩子的建议，以致生病入院要孩子照顾自己，这是对孩子的不负责任。

中国人最希望的就是"家和万事兴"，"老敬小"就是"家和"的一部分。"老敬小"最主要的就是长辈愿意为小辈做出一些妥协和改变。只有家里的每位成员都愿意为彼此做出改变，我们的家才能够充满活力，家里的每个人才会团结一致。

我长期在外地工作，曾经邀请父母过来跟我一起住。由于风俗习惯、生活方式的不同，他们无法适应，更喜欢住在老家，我只能隔一段时间回去探望他们一次。父母年纪大了，我很担心他们的身体状况。他们也知道这一点，经常对我说："我们帮不上你什么，照顾好我们的身体，不让你操心，可能是我们唯一能做到的。"我说："这样你们已经帮了我很多了，你们身体健康，我才能无后顾之忧地去做其他事。"

如果家里的老人能像我的父母一样做到"老敬小"，对于子女来说是很幸运的事。如果家里的长辈不断侵入我们的生活，不断指责我们，我们就会感到很痛苦。这种情况下，我们需要调整自己的心态。

首先，我们要明确，父母的指责和抱怨不一定证明我们错了。或许他们小时候被这样对待过，只要他们做的事情不符合父母的要求，就会被父母责怪。所以当我们做的事跟他们的预期不符时，他们的第一反应也是指责。或许他们只是在重复被对待的方式，跟我们没有关系。当然，这可能是他们自我保护的一种方式，他们不懂得如何更好地表达自己的情绪，指责就是最简单、直接的方式。

其次，我们要意识到自己已经是个成年人了，而不是一个孩子。我们的一些创伤性体验，在跟父母互动的过程中不断被激发。而我们无法承受自己无能的一面，非常渴望别人为我们负责。这导致，很多时候，我们内心希望长辈把我们当成孩子，照顾我们，为我们的情绪、生命负责。但这不符合"老敬小"的概念，而是想让对方无条件迁就自己。我们是成年人，可以为自己负责。

作为一个成年子女，我们该如何跟家里的长辈好好相处呢？

首先，我们要学会接受父母很难改变这一现实。他们的行为模式已经固定，我们能做到的只有改变自己跟他们的相处方式。

其次，我们要学会理解并包容长辈的不同。跟上一辈的观念、生活习惯有所碰撞很正常，我们无须去改变他们或我们自己，只需要尊重彼此的不同，给予彼此一定的个人空间。

再次，我们要分辨清楚什么是需要，什么是付出。很多人都会混淆这两个概念，总是把自己的需要当作付出。比如，放假回家陪自己的父母，部分成年子女认为这是自己在付出，付出了时间和精力，但其实这可能是我们自己的需要。在陪伴父母的过程中，我们得到了父母的关注与照顾，这是我们独自在外工作体会不到的。在我们的认知世界里，我们总喜欢把好的一面贴在自己身上，更愿意承认自己在付出，而不是索取。有时候需要与付出之间的界限很模糊，我们如果想要更好地分辨它们，就需要看到父母的付出并承认他们的贡献。

最后，我们要让父母感到自己更有价值。比如，我每次回老家都会跟我妈说，我想吃什么，希望她能做给我吃。虽然我妈已经七十多岁了，行动比较缓慢，我很心疼她，不想让她做菜时那么辛苦，但我知道，如果我告诉她我现在需要她，她会很开心，认为自己对儿子是有价值的。这对于她来说是一种成全，对爱的成全。

同时，我们要在语言上肯定父母对我们的贡献，多向他们表达"因为有你，我感觉非常好"。我们对待别人的方式会变成我们被对待的方式。要想改变家人之间的相处方式，我们需要先改变自己对待他们的方式。我们可以尝试多用肯定、称赞的话和他们进行沟通，让他们感觉到自己是有价值的。慢慢地，他们也会用类似的方式回应我们。

太负责任，是在剥夺家人独立与成长的权利

父母陪孩子做作业很常见，部分父母担心孩子写不好作业，充当起老师、监督者、陪伴者等多个角色。网上有很多关于父母辅导孩子做作业，被孩子整崩溃的视频。这虽然看上去是对孩子学业的尽责，但实际上是对孩子能力的一种剥夺。

做作业是孩子的事，应该交由孩子独立完成，而不应该由我们辅助孩子完成。这样的过度负责行为会降低孩子做作业的主动性和积极性，还会让孩子失去适度挫折的机会，而挫折教育是孩子成长过程中不可缺少的。

大家可以想象一下，如果家里有一个特别尽责的家人，他每天都会把每个人的事情安排好，那么你会怎么做呢？这个家会变成什么样？我们可能会因为不用做家务而变得懒惰；我们还可能一遇到问题就想让家里最尽责的人去解决，自己不去主动解决，慢慢地，我们会变得越来越难自立。因此，一个过度负责的家人，

也是一个在不断剥夺我们独立与成长权利的人。

为什么有些人这么尽责呢？原因主要有两方面。

一方面，他们内心总会责怪别人。比如，有些妻子嘴上说着希望丈夫帮自己做些家务，减轻一下负担，实际上，当丈夫做家务时，她们往往会非常嫌弃，认为他这里做得不好，那里做得不好。她们的指责和批评会让丈夫觉得很委屈，好像自己是个对家庭没有贡献的人，无法提供任何价值。久而久之，丈夫不再帮助妻子做家务，反正无论自己做得怎么样，妻子都不会满意，还不如不做。

另一方面，尽责的人容易弱化关系中另一方的能力。人与人之间的关系会保持动态的平衡，当你投入很多时，另一方自然就会被弱化。一个过度负责的人，身边肯定有一个很弱的人。现在很多孩子的能力都很弱，有些甚至连基本的自理能力都没有，比如冷了要穿衣服，饿了要吃饭等。这是因为他们身边有过度负责的长辈，一手包办了所有的事情，孩子只要听从他们的安排即可，这导致孩子丧失了学习生存技能的机会。

我们的过度负责，其实是在向别人索取价值。什么是索取价值？就是让别人满足我们的价值感。比如，有些妈妈在教育孩子或管理家务方面拥有极大的主导权，家人只能听从她们的安排，不能有其他意见。

我曾经见过一个特别能干的男人，他创造了很多财富，同时他又是一个过度负责的父亲。孩子学习成绩不好，没考上理想的大学，他动用自己的社会关系让孩子就读了另一所名校。众所周知，名校里的孩子读书非常厉害，所以每次考试完公布成绩，他的孩子都会特别受挫。他无论怎么努力，就算请很多家庭教师进行课后辅导，孩子在学习上都无法达到其他同学的高度。后来，孩子表示自己太辛苦，不想再上学了。

从这个例子中我们可以看到，孩子就读名校只是父亲的一个愿望，而他的负责只是在向别人展示一个好父亲的形象。孩子更像他满足自己的工具，只要听话就好，其他方面（比如孩子的感受、能力或一些现实因素等）是好是坏他都忽略了。很多尽责的父母都会有一个颓废无能的孩子，因为孩子从小到大都没有自己做决定的机会，只能听从父母的安排，满足他们的价值感。

过度负责的人并未注意到，对别人过分尽责是在剥夺别人的权利。

很多爷爷奶奶会喂自己的孙子很多东西，好像只有把孩子养成大胖子，他们才是尽责的照顾者。这是在剥夺孩子吃的权利，孩子无法选择什么时候吃，什么时候不吃。爷爷奶奶陷入一段自我想象的关系里，以为自己能让对方变得更好，没有真正地看到对方的需求和感受。

我有一位三十多岁的来访者，他早已是个可以照顾自己的成年人，但他妈妈对待他的方式还跟小时候一样：怕他不会做饭，每天提前替他做好；怕他下雨没带伞，专门拿伞去公司接他。类似的事情还有很多。他知道这是妈妈爱他的表现，但妈妈所做的这一切让他有一种自己很无能的感觉：自己都这么大了，还事事依靠妈妈。他很苦恼，尝试对妈妈说，这些事情他都可以自己处理好，可妈妈觉得很委屈，认为儿子是在嫌弃她。妈妈的尽责使他们之间产生了很多矛盾。

显然，这位妈妈的行为剥夺了孩子独立自主的权利，她把他看成一个需要依附她才能生存的孩子，而不是一个独立的成年人。

过度负责还有可能演变成病态利他。利他是指一种出于自愿，让别人获得便利，自己不图回报的行为。大多数人都有善意，有愿意为他人做点儿什么的利他心理。在某些极端情况下，这种利他行为会演变成病态利他，我们会不惜放弃自己的需要来满足别人的愿望。比如，有些人自己过得十分糟糕，还想着怎么让家人过得更好。他们不断用自我牺牲的方式帮助家人，好像家人过得好，他就会过得好。他们想通过在关系中的贡献，证明自己是有价值的，自己不是一个糟糕的人。

如果你就是家里那个负责任的人，我要对你说一句："你太辛苦了。"这种辛苦可能已经深入你的骨髓，让你无法停止这种模式。在我看来，你更像一个特别尽责的公司老板，因为害怕员工没有能力解决问题，所以你决定帮他们解决。这样的方式不仅会使他们发挥不了自己的实力，还会抑制他们做事情的积极性和主动性。

当你一力承担所有事情时，你就会处于独自战斗的孤独状态。有些妈妈经常会说："我一个人撑起这个家很不容易，没有人帮我，每天都很累。"为什么会形成这样的局面？这是我们需要思考的。一个家的健康发展，取决于每个人的付出和努力，而不是一个人的孤军奋战。我们选择独自战斗，说明我们把家人都看成了需要被照顾的人，他们必须依赖我们才能活得很好。这是一种很自恋的想法。

长时间以这样的方式和家人相处，会导致我们很容易给自己贴上受害者的标签。当我们感觉自己在任何关系里都是一个奉献者，不断给别人输送价值，而别人不会为我们做什么时，我们就会觉得别人逼迫我们付出，我们不是自愿的，从而陷入受害者角色里。这种受害者心态会让我们重复上述的状态：成为一个孤独的斗士，特别辛苦地为家里做贡献，自己在任何关系里都得不到帮助和滋养。

越是负责任的人，别人与他的距离越远。很多时候，我们处在一种自我想象的关系中，没有真正地关注身边的人。

你如果是一个为家操碎了心、身心疲惫的人，不妨换一种心态与家人相处。面对家人，我们可以尝试放开双手，让他们自己处理自己的事。当他们真的需要我们帮忙，我们再去协助。或许我们会发现家人的能力远超我们的想象。

纠缠是一个相互消耗的过程

一段好的关系应该以合作为基础，彼此是有互动的，只有这样才能相互看见、相互滋养。但在实际生活中，很多人面对的关系多半是纠缠不清的。纠缠是一个相互消耗的过程。

在纠缠关系中，最突出的一种表现形式是不分你我。

有一次，我去参加一个讲座，有位男士分享了他的困惑。他说："我妈妈特别'作'，只要身体有一点儿不舒服，就会打电话给我。我爸爸去世后，妈妈一个人在家。她每次打电话给我，我都很担心，想马上赶回去。我平时工作很忙，不能随时说走就走，后来我请了个保姆去照顾她。但妈妈还是一有小事就会跟我说，我的担心必定促使我回去看她。我感觉好累，好辛苦。"

我对他说："你跟你妈妈纠缠很深，深到你需要扮演一个拯救者的角色，去照顾你的妈妈。以你妈妈的年龄跟身体状态，她完全可以照顾自己。她打电话给你，可能只是想告诉你她有些不舒服，并没有要求你回家。你回去了，她会很开心，你不回去，你妈妈也懂得照顾自己，而且家里还有个保姆。你可以尝试减少回家的次数，看看你们之间的相处方式会不会发生变化。"

我与这位男士只有一面之缘，因此不清楚后来他们母子关系的发展情况。我可以确定的是，如果他再不分清楚自己跟妈妈的边界，他们就会继续纠缠下去。他把妈妈的事都包揽在自己身上，认为自己有责任替妈妈承担一切，忽略了妈妈还有自己的社会关系，她有朋友、兄弟姐妹以及其他可以帮助她的人。

一段好的关系应该是这样的：双方不管如何亲密，都有各自的空间。但在纠缠的关系里，双方是没有各自空间的，而且其中含有一种糨糊逻辑：我发生了什么，肯定跟你有关系，你必须为我负责。两个人被硬生生捆绑在一起，我们无法挣脱。只要对方一动，我们就要马上做出回应，而且没有任何拒绝的机会。

纠缠关系中的第二种表现是彼此不合适。什么叫不合适？就是你给的我不要，我要的你给不了。

2018 年发生了路虎烧人的社会恶性事件。一对情侣因感情不和分手后，男方一直用跟踪等各式各样的方式纠缠女方，逼迫女方与其和好，但被拒绝了。于是，男方产生了跟女方同归于尽的念头。他开车逼停了女方的路虎车，在女方车上放火自焚，导致两人被烧身亡。

这场悲剧发生的主要原因是男方把自己的想法强加在女方身

上。他认为自己可以改变对方的想法，却没有真正看见对方的需求，不明白对方想要的是什么。想跟谁在一起，想离开谁，都是我们的权利和自由。我们之所以会选择分手，是因为我们想要的对方给不了，如果继续强行在一起，只会相互纠缠，相互折磨。

虽然道理很浅显，但纠缠的那一方很难理解。他们只想把对方强行留住，将两个人捆绑在一起，好像这样就可以解决彼此不合适的问题。处在这种关系里的我们感受不到任何爱意，只有被牢牢束缚的窒息感。

不合适的情况除了会出现在两性关系中，还会出现在亲子关系中。有些父母吐槽："我的孩子就是上天派来折磨我的。"他们把孩子定义成一个只会制造麻烦、不断纠缠自己的人，内心自然会对孩子嫌弃和不耐烦。孩子真的如父母所说，不听话，只会捣蛋吗？并不是。很多时候，孩子捣蛋，只是想借此获得父母的关注。因为他不知道还有什么方法能让父母看见他的诉求，知道他到底想要什么。和成人之间的纠缠关系不同，亲子间的纠缠有时只是一种不得已的选择，父母不应该抱怨，而应该关注孩子的需求。

当我们处在一段成人之间的相互纠缠关系里时，首先受到损害的是双方的利益，包括物质上的和时间上的。

另外，相互纠缠在一起的两个人，身心会有一定的损耗。这就像打地鼠游戏一样，因为我们不知道哪个洞会出现地鼠，所以需要时刻防备着，肌肉僵硬紧绷，内心感到不安和失控。长时间保持这样的状态，会使两个人疲惫不堪，情绪不佳。

当我们陷入捆绑关系里时，双方都会很绝望。比如上文提到的那个案例，女方想要分手，男方不肯，不断用各种方式纠缠对方，希望对方改变想法。这种侵入对方生活的纠缠是一种没有边界的做法，会给对方造成严重困扰。其本质为你我不分。如果我们尝试把彼此的距离拉远一点儿，分清楚"哪些是你的，哪些是我的"，或许双方的纠缠关系就能松动一些，双方不至于被这段关系勒得喘不过气。

此外，我们还可以尝试停下来。我经常说"谁痛苦谁改变"，一段关系如果一直在消耗我们，我们就该做出一些改变。停下来就是一个不错的选择。两个人在你追我赶，如果其中一方突然停下来，另一方也会跟着停下来，因为他会好奇对方为什么停下来了。这起码给了双方一个沟通的机会。当我们在关系里做出调整时，对方也会调整自己的姿态来回应我们，双方之间的关系就能得到改变。

我们如果发现自己在亲密关系中处于纠缠的状态，就要意识到这可能是我们在人际交往中惯用的模式。这样的模式单凭自己一个人的力量很难改变，我们需要寻找外界专业人士的帮助，借助他们的力量帮我们调整关系。

很多人都会误解"家人"的意思，以为家人就是要融为一体，没有边界，其实不然。家人是我们最亲密的人，相处时更需要彼此尊重，彼此爱护。家人是我们可以依靠和支持的人，但绝对不是无法离开或者相互纠缠的人。

建立个人的边界意识

　　我曾经有位很特别的来访者，她每次来做咨询都会带着一个大包，并且把包死死地抱在胸前。我问她："天这么热，你的包包看上去很重，你一直抱着不累吗？为什么不放在旁边的空位上？"她说这是她的一个习惯，因为她觉得只有这个包属于她，她必须时时刻刻守护着它。她如果把包放在一旁，就会觉得我随时都有可能侵入她的世界。包是一个阻挡我入侵的屏障。

　　听到她的回答后，我说："看来你好像一直没有被很好地尊重过，同时你似乎并不认为别人会尊重你，认为他们只会侵入你的世界。"说到这里，她哭了，她说："从小到大，我好像都不知道什么叫被尊重。"她妈妈是个非常强势的女人，对于女儿的一切东西都要抓在手里，哪怕女儿不想说，妈妈也有办法逼着她回答。为了保护自己的秘密，她只能把日记本及其他比较隐私的东西放在包里，随身携带。我经过她的同意，看了一眼她包里的东西，然后惊呆了。她的包里什么东西都有，吃的、喝的，甚至连绷带、指甲钳、消毒液都有，好像是为世界末日特意准备的。她这么做的根源在于小时候她的边界没有得到尊重，从而造成她对他人和这个世界的不信任。

边界通常包括三个部分：一是空间边界，二是身体边界，三是心理边界。

空间边界，就是有一片属于自己的小天地，在这里我们感觉是安全的，别人不会随意侵入。一般来说，孩子到了七岁的时候就应该拥有属于自己的空间，可以是一个抽屉或一间独立的房间。因为孩子到了这个年龄，已经开始有自己的秘密了，这个年龄是建立边界的开始。我的孩子八岁时在他房间的门上画了一条恐龙，旁边配了一行字："有事请敲门。"当时我看到后就意识到了他需要有自己的空间。我跟他说："你的房间爸爸妈妈是不会随意进去的。我们每次进去前一定会敲门。你不能锁上门，因为这样会让我们担心。"孩子知道父母会尊重他后，就不会担心别人随意侵入他的空间。

能否建立健康的身体边界跟异性父母是否与孩子保持一定的身体距离有关。我有位女性来访者，她还没有谈过恋爱，因为她每次跟异性接触都会很紧张，不知所措。有一次，单位举行了一场联谊活动，她的领导邀请她跳了一支舞。当时正值夏天，领导的手上与身上都出汗了。在跳舞时，她感觉领导的汗水沾到了她的衣服上，她很不舒服。

在深入咨询过程中，我了解到，她十一二岁的时候，性别意识已经非常强了。但她爸爸还是跟她保持很亲近的距离，经常把她抱起来放在大腿上，穿着大裤衩、光着上身走来走去，甚至有一次她看到了爸爸的生殖器。这些行为让她感到很恶心，很不舒服，所以她开始远离爸爸。很明显，在这个过程中，她爸爸没有意识到女儿的身体变化，还用小时候的方式对待她。这无形中侵入了女儿的身体边界。小时候的边界入侵，造成了女孩长大后对异性的排斥心理。

心理边界用来维护一个人的独立和完整。有时我们感觉自己是被"打开的"，好像谁都可以对自己评头论足，而且自己非常在意他们的看法和评论。这是因为心理边界没有建立好。

我有个同学一直很自卑。他上小学时，他妈妈每次跟别人聊天都要提到儿子尿床的事，虽然面带微笑，但语气中带有对孩子的嫌弃。我这个同学经常被同龄人嘲笑，说他这么大了还尿床。这样的体验给他心里留下了不可磨灭的创伤。妈妈不但没有为自己保守秘密，还把这件事到处跟别人说，他感觉整个人好像被剥光衣服后游街示众一样。

我们每个人都有不方便言说的话：不愿意公开的秘密和无法接受的想法。当我们鼓起勇气把这些私密的话跟某人诉说，对方转眼就告诉别人时，那种被背叛的感觉会淹没我们整个人，会令我们以后对外界排斥。

　　如果小时候没有建立好边界，或边界没有得到尊重，我们往往需要用一生去维护。有一次，我去朋友的公司找他，打算先让前台的小姑娘帮我转达一下。原本看着电脑屏幕偷偷在笑的她，一听到我说话，吓了一跳，马上把电脑屏幕关了。其实，我根本看不到她的屏幕，她不需要这么慌张。看到她的反应后，我开玩笑说："你是不是在上班期间看一些不该看的东西啊？"她忍不住笑了。随后，我问她："你是不是小时候经常被父母监视？"她的脸突然红了，问我："你怎么知道的？"我笑了笑，没有回答。

　　实际上，这种一边做事一边警惕地观察周围情况的状态，就是边界被打破的"后遗症"。有些人习惯把手机屏幕倒扣在桌子上，不让任何人看到他们的手机屏幕。他们不自觉把周围的人都看成会侵入他们边境或暴露他们隐私的人。他们往往很难真正信任别人。

　　作为家长，为了让孩子更好地成长，我们如何维护孩子的边界呢？

　　首先，孩子到了八九岁，不管男孩还是女孩，都会开始有自己的小秘密。这时，我们能做的就是尊重孩子的秘密，不要尝试偷看孩子的秘密。

　　其次，我们需要根据孩子的成长阶段与其保持距离。当孩子比较小的时候，我们可以跟他亲近一点儿。孩子到了青春期，我们就要与其保持距离。比如，男孩不能再跟妈妈睡在一起，女孩要稍微远离爸爸。我们要根据孩子的成长阶段选择合适的相处方式，这样才能更好地维护孩子的身体边界。

再次，我们需要为孩子提供一个专属空间，让他有独立思考的空间。有些父母有时想拉近跟孩子的距离，会跟孩子说："你想什么，都必须告诉我们，让我们知道。"这样会产生反作用，让孩子更不愿意和父母沟通。每个人都渴望拥有专属于自己的东西。在保证孩子安全的基础上，我们要适度放手，给孩子创造独立成长的空间，不要时时监督孩子，不要尝试侵入他们的世界。

最后，对于孩子跟我们分享的秘密，我们一定要好好保守它，不要说出去。孩子愿意跟我们分享秘密，是出于对我们的信任，是温暖和美好的事情，我们不要破坏孩子对我们的信任。否则孩子长大后就会因自己的边界没有得到过尊重，很在意别人的眼光和看法，以至于找不到真正的自己，没办法建立人际关系。

有些亲戚不要也罢

　　亲人是我们的精神支柱，我们遇到困难时能给予我们帮助和滋养。但有时候，亲情会损耗我们。为什么这么说呢？因为家庭中存在一种糨糊逻辑，家庭成员之间无法设立明确的边界线，相互之间是混在一起的。

　　有些亲戚的行为让我们很难受，但我们没办法摆脱。我曾有一位来访者，是个二十五岁的姑娘。她出生在一个比较传统的小县城，在大城市里上学与工作。两个地方的风俗习惯存在巨大差异，她花了很长时间才慢慢接受了大城市里的一切。可这样的经历给她带来极大的压力。每次她回家，家里的亲戚都把她当成一个可以炫耀的宝贝，夸她很厉害，什么事都做得很好。但在她看来，自己并没有他们说得那么好，所以她常常会感到愧疚和自卑。

　　这些亲戚还喜欢充当她的人生导师，个个都跑来指导她，特别是关于婚姻方面的。在这位来访者老家，一个女孩子如果到了二十五岁还没结婚，就会被视为嫁不出去的老姑娘，不受待见。每次她一回家，很多亲戚就会追着她，跟她讲大道理，催促她早点儿结婚。这让她感到很不舒服。她如果不回去，就会被这些亲戚指责说："翅膀硬了，都不愿意搭理我们这些穷亲戚了。"类似这种酸溜溜的话，经常让她左右为难。

我们每个人都可能遇到过这种没有边界感的亲戚。他们往往喜欢用自己的道德标准评判我们的行为。这些道德标准不仅掺杂了社会风俗、家族规章，还包含他们的个人理解和人生经验。比如，夫妻为了解决春节回谁家的问题，商定轮流回婆家和娘家，这样就可以减少争吵。但这时一些没有边界感的亲戚就会说："怎么可以轮流回婆家和娘家？女方当然要跟男方回家，这是风俗习惯。"有时他们还会当着我们父母的面指责我们，说我们不是孝顺的孩子，有了另一半就忘了父母。

自己的日子过得很糟糕，他们还要以过来人的姿态指点我们。他们管不好自己的事，经常会产生挫败感和无力感，于是便插手我们的事，因为这会让他们觉得自己在我们的生活里扮演上帝的角色，能让他们获得力量，证明自己是个有价值的人。

当我们的地位或工作能够为他们提供便利时，他们希望能从我们身上获取一部分利益。这种掠夺不一定是物质上的，还有可能是精神上的。这种掠夺有时会让我们感到很痛苦。

每个人都有自我认知，如果自我认知与实际相符，面对别人的索取时，我们就能认识到自己能力的局限，知道如何适时拒绝，这样我们就不会有太大的压力；如果自我认知过于理想化，面对别人的索取时，我们就容易自卑。我是一个对自我要求很严格的人，面对别人的期待，我通常都会做到最好。如果亲戚不断向我索取，而我无法全部做到，就会感到受挫，认为自己是个很弱的人。

我们内心的矛盾，对方是看不到的。他们只会继续向我们索取，就像靠寄生和吸取其他植物营养生长的菟丝花一样纠缠着我们，直到把我们榨取干净。在我老家，如果家族中有一个人通过自己的努力发家，他就有责任把所有亲戚都带上致富的道路。我是家里第一个事业有成的人，如果家族中有个亲戚自己没什么能力，却希望找到一份高薪而轻松的工作，这时他就会把我当成拯救他人生的人，一直黏在我身上，希望我能给他介绍工作。我如果没有满足他的期待，就可能被整个家族的人用唾沫星子淹死。所以，这些亲戚热情的背后往往藏着对我们的过高要求和过高期待，这会让我们背负很大的责任和压力。

面对这种喜欢对我们指指点点，像菟丝花一样的亲戚时，我们首先需要厘清事情的归属，并设立边界。我对那个被亲戚催婚的姑娘说："你回不回去是你自己的事情。他们对你的指点，只是出于他们的人生经验，你不需要太在意，毕竟你们的人生道路不一样。你要明确边界问题，他们有他们的人生，你有你的人生，二者不能混淆。你不要把他们的东西背负在自己身上。"

其次，我们要学会取舍。我们要明白有些事情自己是做不到的，是力不从心的。我们承认这一点后，还要告诉亲戚："我做不到，你们不要来求我。虽然你们认为自己的要求很合理，但我只能告诉你们，我满足不了你们的期待。"每个人都有自己的功课，我们不能把所有事情都揽在自己身上。

再次，我们要留意自己的归属意识。归属意识就是希望周围的人都喜欢自己，接纳自己。这种归属感很大程度上受原生家庭的影响。比如，我们从小被教导，只有听话乖巧的孩子才是好孩子，长大后，我们特别希望自己能成为好人，身边的人对我们都是满意的。有时我们为了避免自己被排斥、孤立，强迫自己改变。这会让我们的人生格局越来越小，因为希望所有人都喜欢自己是一种不合理的期待，我们不可能满足所有人的要求。我们要尽可能去见识一些大场合，认识更多不同的人，不要让自己的思想和精神高度局限在原生家庭范围。

最后，我们要保护好自己的利益，换句话说，就是保护好自己的边界。我有位朋友，他多年来一直在外打工，事业做得很成功。他每次回家都很低调，穿着打扮很随意，不会故意炫耀自己。别人问他一年能挣多少钱，他只会回答："跟你们差不多。"他明确向自己的亲戚表示，自己只救急不救穷，因为他知道穷是没办法救的，一味地帮衬亲戚会起反作用。他这么做一方面是对别人的尊重，因为炫耀财富可能会引起别人的不适，给别人一种高高在上、看不起人的感觉；另一方面是对自己边界的保护，拒绝别人对他生活的侵入，让双方的相处变得更为简单。

　　总之，我们如果想要从家里的这种糨糊逻辑或没有边界感的状态里找回自己，就要适时把自己抽离出来，以一个旁观者的身份去看待问题。每个人都有自己的人生，我们不能指责谁哪里做得好，哪里做得不好，也不能无条件地帮助亲戚改善生活。我们一面喂养他们，一面评价他们的生活时，就会陷进纠缠关系中，变成一个没有边界感的人。有时候，为了保护自己，有些亲戚不要也罢。

你渴望别人尊重你的边界，却开着门

一位朋友跟我抱怨说，他邀请两三个新交的朋友去自己家里吃饭，但是闹得很不开心。原因是其中一个人没有分寸，把我朋友珍藏了很多年的一瓶酒打开了。我朋友当时很生气，心想：这个人怎么可以这样？这么不尊重主人。但他碍于面子，没有说出来。在那顿饭后，他跟那几个人的关系疏远了。

后来，我了解到，我的这位朋友在自己的边界建立上存在一点儿问题。通常来说，被邀请去家里做客的人都是我们比较信任的人，但我朋友邀请的是刚认识几天的人，连朋友都称不上。我很疑惑地问他为什么要这么做。他说他感觉他们挺好的。我问他："你有什么证据证明他们挺好吗？"他说没有，不太了解他们。很明显，这几个人"挺好"只是我朋友的臆测。他把他们理想化了，认为他们是会尊重他的人，是有边界感的人。当其中一个人擅自拿出他私藏多年的酒后，我这位朋友没有马上阻止，没有告诉对方"你不能随便开我的酒"，没有明确地拒绝对方的侵入，没有关上属于自己空间的门。

像我朋友这种不关上门，却渴望别人尊重自己的边界，是一种理想化的思维。别人看不到你的边界在哪里，怎么可能尊重它呢？

在生活中，我们往往会把这种理想化思维投射在亲人身上，甚至会对他们的侵入行为表现得很宽容，宽容到觉得关上门是对他们的不尊重，最终让自己陷入左右为难的境地。为什么会这样？

首先，我们对家人有种道德层面的责任感，认为他们只要有困难，我们就一定要去帮忙。很多人都会遇到借钱给亲戚，对方不还钱，或者明知道对方借了钱就会去赌，又没办法拒绝的情况。这都是因为我们的道德心在作祟，面对家人的无理要求时，内心虽然不满，但我们不敢直接说出来。有些人为了避免自己良心不安，会慢慢疏远这些没有边界感的家人。

其次，无法关上边界的门可能并不是出于我们自己的选择，而是亲人不允许。比如，一个孩子跟妈妈说："我要一个人睡。"妈妈出于担心，或者需要这个孩子的陪伴，会用很多理由说服孩子，告诉他"你可能没有办法一个人睡，你需要妈妈的陪伴，因为你怕黑，你会踢被子"。这个孩子最终只能接受妈妈的建议，放弃一个人睡的想法。从这个例子中我们可以看到，妈妈没有真正接受这个孩子的成长，同时她对这个孩子有需求。

类似的情况在很多家庭里都出现过，父母总是用"你还是个孩子，没有经验"的说辞来否定我们的能力，侵入我们的空间。小时候，我们可能会用写日记的方式表达自己的情感，父母觉得看我们的日记是很正常的事。如果我们给日记本加上一把锁，情况就会好很多。但很多人不敢加，因为会愧疚，害怕被父母责怪："你翅膀硬了，会飞了，竟然有事情瞒着我们。"

这种愧疚心理会促使我们做出补偿："好吧，妈妈，我不上锁了。"这时父母的目的达到了，他们可以肆意侵入我们的边界。

最后，导致我们无法关上边界大门的另一个原因是，我们在强化别人的侵入行为。有时候，面对家人侵入我们边界的行为，我们考虑到他们是出于好意，就默许了这些行为。这其实是一种强化，强化了他们下一次再次侵入的行为。

我有位朋友，他对他妈妈经常侵入他生活的做法很不满，问我怎么做才能让他妈妈知道自己真的很不舒服。我对他说："你妈会这样，是你允许的。"他很惊讶地说："这怎么可能？我什么时候允许了？"我说："你喝酒的时候啊。"

我的朋友很喜欢喝酒，每次回家都会喝上几杯。他妈妈很担心他的身体，会劝说："少喝点儿，喝完这杯就不要喝了。"过了一会儿，妈妈看了看他，又说："算了，再给你倒一杯吧。"很多时候，他这样一杯一杯地喝到自己很不舒服。他妈妈想通过这样的方式让他得到满足，但没有问过他"你要不要再喝一杯"，或者"你想继续喝吗"。她已经替儿子设定了他有再喝一杯的需求。他妈妈之所以会这样，是因为他从来没有拒绝过，没有跟妈妈说

"我不想喝了"或者"喝完这一杯就够了"，他只是不断强化妈妈帮他做决定的这一行为。

如果想要别人尊重我们的边界，我们首先要学会温柔而坚定地拒绝。很多人拒绝别人时带着怒气，心想：我已经给你那么多了，你还要？你有没有搞错？这样的拒绝方式会让两个人之间产生矛盾，还有可能引发激烈的争吵。什么才是温柔而坚定的拒绝？就是直接跟对方说"我不想给你"。

一位朋友急需一笔钱周转，于是向我借钱。他跟我说了很多。我知道他开口的那一刻需要很大勇气，但那段时间我的确没有闲钱资助他。所以，我很坦诚地跟他说："实在抱歉，我帮不了你。我知道你一定遇到难处了，我也很想帮你，但现在我实在帮不了你。"当我这么向他说时，他明白我是真的帮不上忙，而不是故意不帮助他，就接受了这个现实。

有些人可能会说："对方明明有很多种方式借钱，为什么一定要向我借？""他肯定是不想还我钱才向我借的，觉得我很大方！"无论是哪种情况，都是把对方妖魔化，为自己的拒绝找理由：对方是有阴谋的，我的拒绝是对的，帮不上忙不需要觉得不好意思。

当我们关上门，保护自己的边界时，我们都需要承受一种感受。有些人要承受孤独感，有些人要承受担心，还有些人要承受

149

愧疚感。

孤独感是指我们暂时断掉跟别人的联结，一个人去面对这个世界所带来的一种心理感受。对于部分很需要联结的人来说，这是一件很痛苦的事。举个简单的例子，有些人很喜欢跟别人分享自己生活中的事，而且一说就无法停下来。他在一边说得热火朝天，另一边听的人可能已经很不耐烦了。这其实是一种侵入别人边界的行为。他们太想和别人保持联结，才会不断把自己的事情扔给别人。

担心就是害怕这段关系没了，别人会离开自己。有时候，当我们在内心无法跟别人建立恒定的关系时，我们就会担心，如果这个人不在了，那么这段关系也会不在了。因此，我们不愿意关门，不愿意拒绝别人。

愧疚感就是害怕自己拒绝了别人，别人会过得很不好，会无法渡过难关。我们太想维护自己的好人人设，想让每个人对自己的看法都是好的，不想留下任何不好的印象，所以无法拒绝。

孤独感、担心和愧疚感都是我们在维护自己的边界时可能会产生的感受，是我们必须要经历的，否则我们只能永远做一个敞开门的人。

只有独立自主的人，才能把门关上。我们一旦依赖别人，就想控制对方，让他永远留在身边，因为我们无法接受他的离开，害怕关系断开。我们只有独立自主，才可以对自己负责，分清双方的界限，明白什么事是自己的，什么事是别人的。

　　除了自我独立，我们也要把别人看成独立的个体，在面对亲人和朋友时，我们不能同情心泛滥。同情心越多，我们就越容易开门。农夫与蛇的故事就是经典的例子。农夫认为蛇很虚弱，需要得到他的照顾，所以把蛇抱在怀里，但这给了蛇伤害自己的机会。蛇最后会咬农夫，是它的天性所趋。人亦如此，天生有趋利避害的本能。当我们可以轻易从别人身上得到些什么时，我们就会不断向这个人索取。在关系里，最重要的原则是资源交互，就是向别人索取的同时也在给予。如果我们把对方设定为一个很弱的人，是需要我们帮助的人，这就会导致对方不断向我们索取资源，我们无法关上自己的门，无法学会拒绝。

家庭中的边界与自尊

在家庭中，我们很难维护自己的自尊跟边界。我们扮演的角色太多了，比如，在孩子面前，我是父亲，在我父亲面前，我是孩子。如果我们对自己没有完整的认知，别人的一句评论就有可能让我们有种自尊被伤害、边界被入侵的感觉。

我父亲是一个掌控欲很强的人，哪怕在我房子装修的问题上，他都希望我能听从他的意见，按照他的想法去做。我如果没有厘清自尊和边界之间的关系，就会一直纠结于为什么我父亲不尊重我这件事，陷入受害者的角色里无法自拔，还有可能自我怀疑，觉得自己是个不值得被尊重的人。

在一个家庭中，如果每个人的边界都不清晰，家人互相纠缠在一起，这就意味着这个家里的每个人都不能做到自我接纳，需要别人来维护自己的自尊。这种状态不仅不会帮助我们成长，还会让家人之间的关系变得一团糟，彼此纠缠，分不清你我。作为一个成年人，我们要意识到边界感很重要，它对我们自尊的影响很大。同时，我们的自尊感决定着我们能否维护自己的边界。

在家庭中，自尊和边界是如何相互作用，从而影响生活的呢？

有一个很流行的互动话题：如果把自己、伴侣、孩子和父母按照重要程度排序，你会怎么排？很多人都把父母排在第一位，第二位是孩子，第三位是伴侣，自己排在最后。其实，当我们把自己排在最后时，我们的自尊感就没了。如果连我们都认为自己不重要，谁还会觉得我们重要呢？这种不重要感会令我们自卑和委屈。

电视剧《都挺好》中的苏明成就是典型的例子。在他心里，妻子朱丽比他自己更重要。苏明成虽然啃老，经常挪用父母的钱，但会把大部分的钱花在妻子身上，给她置办好看的包包和衣服，后来甚至想做一笔投资，希望能赚到更多的钱，带给妻子更好的生活。可这一切在妻子看来一文不值。她指责苏明成啃老，是个妈宝男，这辈子都不会有出息。这些话让苏明成感到很委屈，很伤心，明明自己做的所有事情都是为了妻子，结果却换来妻子的责备。

人生排序在一定程度上反映了我们自尊感的强弱和维护自己边界的能力。换句话说，如果我们觉得自己很重要，我们的自我意识就会比较强，我们做任何决定都不会以自我牺牲为前提，别人很难侵入我们的边界。如果我们觉得自己不重要，别人就会一再踩过界，侵入我们的世界，欺负我们。这就是自尊感对维护自己边界的影响。

在一个家庭中，如果家人之间没有清晰的边界，整个家庭就会陷入一片混乱，彼此纠缠，大家都觉得自己没有得到应有的尊重，自尊的建立也会受到阻碍。

我曾经见过一位来访者，他的边界意识很混乱，一会儿是开放的，一会儿是关闭的，边界的开关取决于他的情绪状态。混乱的边界给他带来的是混乱的人生。他跟家人之间的相处存在很大问题。他高兴的时候就会问家人："我能为你做些什么？"他不高兴时，只要妻子或孩子对他有一点点要求，他就会勃然大怒，大喊："你们一点儿都不尊重我，整天叫我为你们做这做那！"每次他这样发脾气的时候，他的妻子和孩子都会感到莫名其妙，完全不知道他为什么这么生气。甚至有时候家人的一个眼神都会令他愤怒。他觉得对方在心里骂他，说他是个不称职的丈夫，或者是一个脾气暴躁的爸爸，内心对他没有丝毫的尊重。这导致他面对家人时更难控制情绪了。

当我们觉得自己没被尊重时，我们的羞耻感就可能被激发。越是脆弱、自卑的人越需要别人的尊重，这就像那个没有穿衣服的皇帝一样，他无法接受任何真实的话，需要谎言维护自尊。

我们对待自尊的态度，源于原生家庭对待我们的方式。我们如果从小没有得到过很好的尊重，就无法相信自己是值得被尊重的，无法很好地守护自己的边界。当别人侵入我们的边界时，我们会对别人存有不合理的期待，比如我们希望对方能够察觉出他们行为上的失误，主动离开。真正的自尊是相信自己值得被尊重，而不是要求别人尊重自己。

自尊的核心价值是认为自己对别人有用，是有贡献的。在一段关系里，如果我们觉得自己是有贡献的，自尊感就一定会存在；我们如果觉得自己是没有贡献的，并且对这段关系有一些损耗，就特别渴望别人能够尊重自己。比如，我原本是家里经济上的顶梁柱，现在因为某种原因，需要妻子承担这个重任。这时我就会认为自己是个累赘，对家里没有任何贡献，害怕得不到家人的尊重。我可能无法控制自己的情绪，甚至随意向家人发脾气。

综上所述，边界与自尊之间的关系十分紧密，二者相互影响。我们想要维护好自己的边界，就要先做一个有自尊感的人。要想建立自己的自尊感，我们需要注意几点。

首先，我们要遵守规则和秩序。一个自尊感强的人很尊重边界，而边界就意味着规则和秩序。比如，在公共场合排队，一个自尊感强的人会遵守秩序，不会随意插队。一个自尊感相对来说比较弱的人会倾向于插队。他希望自己能得到特别的对待，因此会通过一些比较突出的行为引起别人的注意，认为只有被看见，自己才能获得尊重。这样的想法恰恰跟实际相反，一个人要想得到人的尊重，必须先尊重别人，也就是说，他需要遵守这个世界的运行规则，否则尊重无从谈起。

其次，我们要和别人保持一定的距离，哪怕对方是我们很亲近的人。在家庭中，我们经常会使用讲道理的方式去跟家人争论。因为这种方式能"通过指责你是错的，来证明我是对的"，从而维护我们的自尊。从本质上来说，这种方式就是在不断侵入家人的边界，会让我们和家人处于对立的状态，不利于家庭内部的团结。跟家人保持一定的距离，不仅是对他们的尊重，也是对我们的尊重。

最后，在和家人相处的过程中，我们不能同情自己。我们一旦同情自己，就会把自己放在受害者的位置上，把家人看成会伤害我们的人。无论家人做什么，我们都会觉得他们在跟我们对着干，而且还会感觉家里没有一个人尊重我们，他们只会不断侵入我们的边界，损害我们的利益。这样的想法会让我们跟家人的距离越来越远，无法很好地沟通。

总的来说，我们要明确一点：维护自己的边界和自尊，只是为了让我们跟家人的关系更加和谐，而不是要求或强迫对方尊重我们。他们怎么想、怎么做是他们的事，我们能做到的就是好好保护自己，尽自己的力量让整个家变得更好。

4 第四章

两性：
夫妻关系是家庭关系的核心

在家庭中，夫妻关系居于第一位

我们经常看到一些明星夫妻，当一方受到舆论的抨击时，另一方会第一时间站出来维护他。虽然很多人无法认同他们的做法，认为他们在包庇自己的另一半，但我认为他们在维护他们的家庭，把夫妻关系放在了第一位。

我有一位来访者，他并没有把夫妻关系放在第一位，而是把自己放在了第一位。他觉得自己对妻子很好，但这种好只是他个人认为的。我从他的妻子口中得知，每当妻子提出诉求时，丈夫都会用"你还想怎样？我已经对你够好了，你应该知足"来回应。这让妻子觉得似乎自己所有的诉求都是错的，都是不被支持的。不管妻子想去旅行还是去工作，丈夫都会习惯性地站在自己的立场上，否定妻子的提议和想法。因此，从某种程度上来讲，他把妻子留在家中，与其说是爱护，不如说是禁锢。

后来，他妈妈的去世激发起夫妻之间很大的分歧。丈夫希望妻子能够承担和处理一些家庭事务。由于过去丈夫的一再否定，妻子几乎没有机会尝试自己想做的事情，以至于无法实现自我成长，没有足够的能力扛起重担。面对丈夫的要求和指责，她感到十分无力和委屈。同时，丈夫也觉得很委屈，母亲的去世带来了很多需要处理的事务，妻子却无法提供很好的帮助。这时他才觉得妻子太过依赖他，两个人没有办法共同面对和解决问题。

从这个案例中我们可以得知，如果不把夫妻关系放在家庭关系中的首位，夫妻之间就会产生误会，发生冲突。

家庭矛盾的产生，很多时候是因为没有把夫妻关系放在首位。遇到事情时，我们习惯于站在自己的立场上想问题，而不是选择夫妻合力去解决问题，这导致我们经常忽略对方的感受。现在很多年轻人都是独生子女，每年回谁家过年成为一大难题。双方都觉得自己的父母更重要，对方应该为了自己妥协，陪自己回家。双方如果都抱着同样的想法，就无法体验真正的亲密关系。

很多丈夫抱怨妻子做了妈妈后，眼里只有孩子，没了丈夫。这就是因为妻子把亲子关系放在了第一位，而不是夫妻关系。这样妻子可能会把丈夫边缘化，和孩子产生深度联结。这种联结一旦产生，会使孩子无法认同自己的父亲，无法发展自己的外在关系。同理，守寡式婚姻也是因为彼此没有把夫妻关系放在第一位。

夫妻关系如果没有得到重视，家庭关系就会随着其他家庭成员的侵入受到影响。当两代人一起生活时，如果丈夫对妈妈百依百顺，婆媳矛盾就会格外多。因为这样的丈夫通常会把妈妈视为最重要的人，而不是妻子。他并不认为应该把夫妻关系放在第一位，而且他在心理上还没有脱离跟妈妈的联结。当发生婆媳矛盾时，他总是站在妈妈这一边，而不是想办法解决矛盾。这样会使矛盾升级。

我们把夫妻关系放在第一位，会给家庭带来什么样的变化呢？

首先，让彼此产生安全体验。夫妻关系处于第一位，意味着我们把对方视为最重要的人，对方越是重要，我们对其越是信任。而信任是产生安全体验的前提。我做过的两性关系咨询里经常出现这样的情形：丈夫或妻子在外面挣钱，另一方理财。理财的那一方会偷偷把钱拿出去赌博，或做其他事。这种背叛行为会打破彼此之间的信任，使夫妻关系无法重建。

我曾经见过一对很恩爱的夫妻，他们那种相互支持、相互信任的状态让我很感动，就像看到一对老夫妇手牵手在夕阳下散步。很多人会说"这就是爱情最美的样子"，其实他们之间相依相伴的那种合作关系才是最重要的。

其次，会增强家庭的抗风险能力。一个人走不远，但两个人齐心协力，可以抵御千难万险。在一个家庭中，如果夫妻双方始终把夫妻关系放在第一位，当困难或挑战来临时，夫妻二人会不离不弃，共同面对。

我们可以一起应对原生家庭的侵入。有些夫妻其中一方或双方是为了逃离原生家庭，而去寻找另一半结婚的。组建家庭后，如果其中一方的原生家庭还想侵入的话，我们就不会太害怕或太焦虑，因为我们多了一个帮手、一个战友共同面对这件事。

此外，夫妻二人还可以一起应对社会带来的压力及困难，比如经济压力、舆论压力及其他意外事件。这就像两个人一起走夜路，相互支持和照应，更有勇气走下去。

再次，孩子的成长需要夫妻的协作，需要爸爸妈妈的关爱和滋养。爸爸和妈妈履行自己的职责，是对孩子成长最好的支持。夫妻关系和谐，对孩子来说是一种滋养。反之，夫妻关系恶劣带给孩子更多的是伤害。在夫妻关系不和谐的家庭中成长起来的孩子，内心会有自卑感。原因很简单，夫妻关系失和后，孩子可能成为父母的"父母"，替代父母的功能。但孩子终究是孩子，不可能做父母的"父母"。现实中的挫败一再告诉他"你做不到"。慢慢地，他把无法使父母和解泛化为自己对很多事情都无能为力，形成自卑感。

既然选择成为夫妻，夫妻双方就要拧成一股绳，劲儿往一处使，为孩子营造更好的成长环境，为整个家庭夯实抵御风险的能力。因此，你不妨从现在开始，从自己做起，改变夫妻之间相处的方式。

　　家要有爱的流动，爱的流动源于夫妻关系的和谐。最好的家庭教育，就是爸爸妈妈彼此相爱。因此，夫妻关系永远是家庭中最重要的关系。

性的模式，就是关系的模式

　　一段亲密关系一般包含三个元素：一是激情，二是亲密，三是承诺。性属于激情的一部分，能让我们体会到欢愉的感觉。老话说"床头吵架床尾和"，其中一层意思是，夫妻吵架后很快就和好了；另一层意思是，如果夫妻俩吵完架后享受了一场完美的性生活，他们的矛盾就能迅速缓解，彼此重归于好。可见，在婚姻中性生活扮演的角色多么重要。

　　亲密关系出现问题，很多时候是从性开始的，而有些亲密关系出了问题后还能够继续下去，也跟性有关。反过来说，性的模式往往是关系的模式，关系出了问题，性也很容易出问题。

　　我有位朋友，他和妻子的性生活一直不和谐，妻子不太愿意跟他过性生活，特别是生了孩子后。但是，他有性冲动，每次向妻子表达这种愿望时，都特别担心妻子会拒绝他，还会想：是不是自己在某些方面没有满足妻子，导致她不想跟我过性生活？

在性生活方面，一方面他一直得不到满足，另一方面妻子的拒绝让他觉得自己被嫌弃了，自信受到了打击。久而久之，他似乎对性没有了太多兴趣。两个人一年都难得有一次性生活。后来他开始怀疑自己那方面出了问题。夫妻关系越来越差，终于到了离婚的边缘。

性很重要，也很复杂。一般来说，性拥有三种特性：生物性、情绪性和联结性。生物性指的是通过性来繁殖后代；情绪性指在性生活过程中彼此获得愉悦享受的感觉；联结性指性是建立关系的一种纽带。

正因为性具有复杂的特性，所以有些人会通过性建立一段关系。从心理动力学的角度来说，这叫作情欲型投射性认同，这种投射性认同多数发生在女性身上。如果女性在幼年时期没有得到足够多的关爱，成年后渴望跟别人建立比较好的关系，性往往就会成为她取悦对方的方式。

这种尝试用性来建立关系的做法，折射出来的是对关系的不信任以及不自信，从而把自己的价值退回到生物的本能状态。在这种情况下，不但对方会因此看轻自己，而且自己的内心会很矛盾，一方面需要性，另一方面会讨厌这种作为工具的性。

有时性会演变成权力斗争的手段。比如，有的人会以跟对方发生性关系作为筹码，要求对方满足自己的条件，严重时会发展成性勒索或性讹诈。从这个意义上来讲，性可以呈现出关系里不对等或不平衡的状态。

性出现问题跟人们对待性的态度有关。对待性的态度，会影响亲密关系。

一般来说，人们对于性的态度有三种。

第一种是接受和享受。人们抱着一种"性能让自己愉悦"的态度对待性行为，乐意并享受跟另一半发生性关系，愿意让对方在这个过程中得到满足。这种让双方都感到舒服的性关系能让亲密关系更进一步。

第二种是把性看成一种责任或义务。持这种态度的人认为性是婚姻中需要完成的事，是应该做的。性行为对于他们来说不是享受，而是例行公事。

第三种是抗拒和忍受。这种态度往往通过身体的排斥表现出来。

我有位来访者跟我说，她特别嫌弃自己的丈夫，只要他一碰她，她就会觉得很不舒服，身体无法放松。这种情况之前没有过，她对此感到十分疑惑。道理很简单，她的身体在表达对丈夫的抗拒和不满。也许她无法或不敢通过言语或神情来表达自己的不满，但她的身体很诚实，通过一种强烈的反应来表达被隐藏的诉求。

在这三种态度中，如果你始终保持第一种态度——接受和享受，性生活和夫妻关系就会和谐很多。第二种态度——把性看成一种责任或义务，会让彼此无法真正享受性生活。第三种态度——抗拒和忍受，说明你们的亲密关系出现了问题，对方平时的态度或行为可能让你产生了愤怒或厌恶的情绪。

那么，怎样让性更美好呢？

首先，你需要真诚地表达自己对性的态度、感受和想法。双方进行坦诚沟通，想一想双方在日常互动中哪里出了问题。可能我们没有意识到这些问题，但身体很诚实地表现出来了。那就不要再把这些问题合理化。

其次，你需要调整自己对性的态度，意识到性是满足与愉悦自己的一种方式，而不是满足对方的一种工具。物化自己，会让自己产生不公平或受伤的感觉，进而影响性生活体验。

再次，如果你的性生活不和谐，或你在性方面没有得到满足，不要认为对方不爱自己。尽管性和爱相关，但性和爱并不是一体的。我们可以把性和爱区分开，性就是性，爱就是爱。为什么这么说呢？因为性是一种本能，而爱是一种能力。既然我们与另一半建立了亲密关系，这就说明彼此是有爱的。有时候对方可能只是在用性来表达自己的情绪，而不是不爱你了。

最后，你要留意的是，当你决定继续发展一段关系或对这段关系负起责任时，你就要学会表达自己的感受和诉求。我的一位来访者说，每次做完爱丈夫都对她不理不睬，她很烦躁。她希望丈夫能和她说说话，或者抱抱她。她一直不敢表达自己的诉求，长期压抑的结果就是她对性越来越厌恶。在这种情形下，彼此的沟通尤为重要。

　　每段关系都是双方相互作用的结果，无论是解决双方的冲突，还是想更深入地了解自己的感受，都需要双方的互动合作。有人说，性是一种沟通手段。的确，性有这样的功能，但不局限于此。对于性，我们需要有适当的了解，这样才不至于在出了问题时手足无措，稀里糊涂地葬送了一段关系。

你是爱的勒索者或操控者吗

网上曾经流传一种观点：关于亲密关系，最有毒的一句话是"我养你"。很多人都不赞同这种观点，因为他们觉得"我养你"这句话让人很感动，能说出这句话的男人是天底下最好的男人。在我看来，"我养你"是一种操控对方的手段。

在亲密关系里，很多人喜欢以爱的名义操控或勒索对方。操控者常说"我一切都是为了你"，而勒索者常说"你对我不够好"。他们这么做出于一种恐惧，害怕对方离开自己，或觉得自己不配得到爱。当然，亲密关系中的操控和勒索是有区别的。

操控者的手段是"我一切都是为了你"和"我可以让你更好"。我有一位朋友黄女士，她不用工作，每天有大把的时间去做自己想做的事。可她在跟丈夫相处的过程中，总会有一种特别强烈的不自由感。比如她去买衣服，无论买哪一件，她丈夫都不喜欢，甚至要求她下次买衣服必须让他陪着去。在生活其他方面，丈夫也会提出很多意见，要求她听从。如果她反抗，丈夫就会说："我为你付出了这么多，你就不能顺着我的意思吗？"

结婚几年来，黄女士一直都觉得自己没有得到丈夫的尊重，跟对方沟通，对方总会用一种贬低她的语气说话。有时候她想去找工作，丈夫会不屑地说："你出去工作挣的钱还不如你现在买一件衣服的钱多。现在我养你不是更好吗？"很明显，黄女士在这段关系里缺乏自主权，活在一个被供养的状态里，生活里的一切都被丈夫操控着。

在这种关系中，操控者会把对方变得很弱，弱到完全没有自主的能力。如果对方想要离开，操控者就会用一种激发对方愧疚的方式强制对方留下。比如会说："我都给了你一切，为什么你还不满意，还要离开？"操控者之所以要如此控制对方，是因为害怕对方离开。

勒索者的手段则是"你对我不够好"和"我跟着你很可怜"。有些女性特别喜欢一类文章，这类文章永远都围绕着一个主题：女性很弱，要从这种弱势的状态中走出来，活出真正的自我。这些文章把女性界定成弱势的一方，指责亲密关系中的男性。这些女性之所以这么喜欢看这类文章，并且产生共鸣，是因为作者说出了她们内心想说的话："我那么爱你，对你那么好，你却没有这么做。我很伤心，你错了。"

这其实是一种变相的情感勒索，通过弱化自己、强化自己的付出，指责别人的不是，要求别人必须按照自己的意愿做。她们之所以会这么做，是因为她们内心缺乏爱，并且觉得自己不值得被爱，只能通过不断向对方索取，来证明自己是值得被爱的，对方是爱自己的。一旦对方选择离开，她们就会觉得对方是糟糕的，还会觉得自己果然不配得到爱。

不管是勒索者还是操控者，被勒索者还是被操控者，他们在亲密关系中都会有一种不舒服的体验，同时还会充斥着恐慌、无助、愤怒的感受。

每一段关系都是双方相互作用的结果，无论你是被勒索者、被操控者，还是勒索者、操控者，若想继续和对方一起经营这段亲密关系，必须做出一定的改变。

1. 被勒索者

你如果是被勒索者，就需要读懂勒索者的内核，真正地看见对方，并给予对方你能提供的东西。有些人一旦被勒索，就会把对方放在对立的位置上，心想：你想要的东西我偏不给你，不让你得到满足。这种态度往往会导致对方索取更多。因此，被勒索者要尽量理解情感勒索者背后真正需要的东西。

一个勒索型的丈夫下班回到家，看到妻子在看电视，可能会对妻子发脾气说："我一天在外那么辛苦，你却在家里看电视！"实际上妻子可能已经在家里干了一天活儿，刚刚坐下休息。如果这个时候，妻子去跟丈夫争论事件的对错，或表达自己被质疑的愤怒，就无法避免夫妻间的冲突。此时丈夫需要的只是一句安慰的话或一种被照顾的感觉。妻子这时可以给丈夫一杯茶，或一个拥抱，询问他一句："你今天是不是很辛苦啊？我帮你倒杯茶吧。"这些细节不但可以很好地缓解彼此的冲突，还能满足对方的需求。

当然，被勒索者也要明白，一味地满足对方，可能会让对方的情感勒索变成无底洞，因此要有底线，只提供自己舒适范围内能提供的东西。

2. 被操控者

如果你打破操控者的控制，会给对方带去一种失控的感觉。因此，在和操控者相处时，你可以适当给对方一些掌控感，在一些可以协调的小事情（比如穿什么颜色的衣服，吃什么饭之类的）上适当妥协。你要告诉自己：妥协不是为了对方，而是为了彼此的关系，为了使自己在这段关系里能有更好的体验。

另外，面对操控者，你要学会拒绝。特别是对方想慢慢侵入你生活的任何部分时，你更要懂得拒绝，跟对方保持良好的沟通，告诉对方什么事情你想独自完成，这会让你感到更踏实、更舒适。

最后，你需要给予操控者一个承诺。你要告诉对方，以后不管怎样，你都会在他身边，陪着他。这种承诺能缓解对方内心的恐惧：害怕你离开或自己被抛弃。

3. 勒索者和操控者

如果意识到自己在两性关系中扮演着勒索者或操控者的角色，你应该怎么做呢？

首先，你需要承认自己内心缺失的部分。你要明白自己是因为缺乏爱，所以才会幻想得到无条件的、完美的爱。但在两性关系中，无条件的爱可遇而不可求。你无法找到一个完美的"妈妈"来爱自己，你也不是一个完美的"孩子"。承认自己的缺失，能帮助你减少不合理的期待。

其次，你需要用一种彼此都认同的方式表达诉求，而不是情绪化的表达。当诉求得到满足时，你要表达自己的感激之情。感激他人的同时，也是在成全他人的价值。这一行为能够体现出你对这段关系的尊重。

你要学会跟别人进行真正的沟通。真正的沟通并不是发泄情绪，也不是攻击对方，而是客观地表达情感，让自己能够心安。

你无论采用的方式是操控还是勒索，都是想留住对方。这种方式是没有用的，吸引才是正确的方式。如果你能够吸引对方，或为对方提供所需要的价值，没有人会离开你。对方一开始之所以会选择与你在一起，就是因为被你吸引了。

一段健康的亲密关系是两个独立的成年人之间的关系。独立的意思就是你可以离开我，我也可以离开你。我们如果意识到这一点，就再也不会担心分离而用尽各种手段留住对方了。

婚姻中的讨好与指责

讨好和指责的相处模式经常出现在婚姻关系中。我们可以思考一下：在日常生活中，自己讨好对方的行为多，还是指责对方的行为多？讨好的行为多，说明你总是担心对方觉得自己不够好，害怕对方离开你，所以总想满足对方的要求，甚至会违背自己的意愿来留住对方。指责的行为多，说明你觉得对方不够好，他没有按照你的想法去做。

无论是讨好还是指责，都有一个共同点：我们把对方看成一个坏人。为什么会这么说呢？

指责是直接说对方不好。我们只有觉得对方不够好，或者不够令自己满意，才会指责对方。因为他不够好，不是我理想中的那个人，所以他就是个坏人，他做的事也是错的。我有资格去批评他，说他的不是。

讨好是间接说对方不好。你讨好别人的时候，会去做一些事情满足对方的需要。你的心里是委屈的，你认为自己只有这样对待别人，别人才会觉得你好，才不会对你发脾气。这时，你讨好的对象在你心里是一个坏人。他不尊重你，不顾及你的感受，甚至像个暴君一样呵斥你。

有位来访者跟我说过这样一件事。有一次，她跟丈夫一起开车外出，途中他们的车不小心跟别人的车发生了轻微碰撞。她的丈夫下车跟对方争论到底是谁的问题。她对丈夫说："别争了，走保险吧。"她的丈夫勃然大怒，当着对方车主的面指责她的不是。

这件事带给她的冲击较大，她觉得自己很委屈。我问了她一个问题："你是怎么理解你丈夫的行为的？"她想了半天，说："可能我丈夫觉得没有面子，而且那件事错不在我们。"听完她的话，我对她说："在这个过程中，你希望你的丈夫能跟你一起讨好对方车主，把责任归在自己身上，然后息事宁人。你的丈夫并不愿意这么做，他觉得很委屈，可他没有办法表达这种感受，所以只能用指责的方式对待你。"

我们从这个案例中可以看到，指责的丈夫认为对方是错的，讨好的妻子其实也认为对方是错的，他们都以扭曲的方式呈现自己的想法，只是形式不同而已。

我们还可以看到，讨好与指责这两种相处模式会让我们越来越无法跟对方真诚地沟通，无法真实地表达自己，和另一半的距离越来越疏远，亲密关系越来越糟。

我们为什么要去讨好或指责一个人呢?

总是去讨好别人，通常是因为自己在内心觉得自己不行。因为我们觉得自己不行，所以我们认为只有自己的表现好到让对方离不开，自己才可以有个容身的地方。这是一种很卑微的心态。这种卑微会影响自我定义。这个自我定义就是，我是无用的，是个废物，我只有低三下四地求人，顺从别人，才能生存下去。

总是指责别人的人，表面上看很强势，实际上内心是自卑的，只不过他不肯承认这一点，因此会通过美化自己、丑化他人（也就是指责他人）的方式来获得强烈的优越感。因为只有对方是错的，是不好的，自己才有权支配对方、嫌弃对方。

指责的背后是在表达某种情绪、诉求或渴望。举个简单的例子。当一个指责型的丈夫看到妻子购买了一个他认为毫无意义并且十分昂贵的东西时，他的内心会出现一些恐慌。他会感觉到经济上的压力，可能会对妻子说："你怎么又随便花钱？你根本不应该买这个东西。"

可能丈夫想表达的诉求是：我希望你能够跟我一起承担经济上的压力，而不是花费很多钱去购买一些没用的物品。他需要妻子跟他共同合作，共同面对一些困境，渴望妻子能成为理解他的人。

我们意识到讨好与指责的背后隐藏的信息后，就可以尝试去更多地了解对方。

　　讨好和指责都是一种防御机制。习惯讨好或指责别人的人，都需要在一个非常安全的环境里才敢表达自己的想法。在他们小时候，表达自己是不被允许的，他们只能通过把对方变成自己需要的人这种方式，来表达自己的一些情绪、诉求或渴望。

　　他们如果直接表达自己的诉求，就会有一种羞耻感。我有一位来访者，她的丈夫经常用指责的语气跟她说话，比如说她很糟糕，什么都不会做。有一天，她忍耐到了极限，就对丈夫说："每次你这样说我，我心里都很不舒服，很难受。我希望你能直接说出你的想法，而不是用这样的方式。这让我觉得像小时候被妈妈骂了一样，更不愿意去改变。"

　　丈夫听了她的话愣住了，思考了一会儿后说："我有时候指责你，是因为我不敢直接说出我的需求，我觉得很不好意思，很羞耻。以后我会尽量直接表达自己的诉求。"后来丈夫多次尝试直接表达自己的需求，而且都能被妻子满足，他对妻子的指责越来越少了。

　　不管是讨好别人的人还是指责别人的人，他们都是因为不想面对羞耻的感觉，从而不直接表达自己的需求。换句话说，指责和讨好都是应对问题的模式，通过贬低他人或贬低自己的方式缓解冲突。当然，这也是在保护自己害怕被拒绝的那份脆弱。

　　在亲密关系中，讨好与指责常常是一对孪生兄弟，也就是说，其中一方是讨好型的，另一方往往就是指责型的。我们如果发现自己在亲密关系中经常处于指责或讨好的互动模式，该如何调整为彼此平等或彼此更为亲近的模式呢？

首先，我们要明白，这是我们自己的功课，我们自己的事情，不能要求对方改变。当我们意识到自己经常会讨好或指责别人时，我们只能选择勇敢地面对。我们要明白，这只是自己应对问题的模式，并不是对方的问题。

其次，我们要学会更好地呈现自己。作为一个独立的成年人，我们有责任和义务真实地呈现自己。什么是真实呈现？就是真实地表达自己的情绪、诉求或渴望。在我们的文化中，很多时候真实地呈现自己并不是一件容易的事，因为别人可能无法接纳真实的我们。所以，当我们决定真实地呈现自己时，勇气不可或缺。

再次，面对冲突时，我们要找到更好的解决方法，而不是用惯性反应去处理。我们要明白，无论是指责还是讨好，都只是一种反应，不是一种积极的回应，背后隐藏的都是攻击，对关系有损害性的影响。攻击意味着把对方放在对立的位置上，把他看成我们的敌人。既然对方是敌人，我们怎么可能跟他亲近？

最后，更多时候，我们要把关注点放在对方身上，而不是自己身上。虽然讨好型的人感觉自己总是在顾及对方、照顾对方，但我们仔细想一想就会发现，他们还是把关注点放在了自己身上。当然，指责型的人也如此。我们如果能尝试关注对方的感受，就能看见对方防御机制下的脆弱与无力。我们允许对方呈现这种脆弱与无力，彼此之间的关系就会更亲密。

　　讨好、指责的互动模式继续发展下去，只会让双方永远处于敌对的状态，使亲密关系的建立越来越难。我们究竟是想为这段关系创造美好，还是困难？我们如果选择创造美好，就一定要改变互动模式。

男人、女人分别在追求什么

　　一位女士曾告诉我，她的丈夫突然变得很黏人，常常查看她的手机，问她去哪里。两个人经常因此争吵。我问她："在这之前你丈夫发生了什么事？"她说丈夫失业了。之前他有工作的时候，总是很自信，特别是在发工资的那天，他会主动跟妻子说工资发了多少钱。现在他做什么都不太自信。

　　这位女士的丈夫四十多岁，以前一直是家里的顶梁柱，后来变成没有收入、需要妻子帮助的角色。这样的落差对一个男人来说很难接受。他的反常表现只是因为自己失业后对家庭有了不安全感。

　　不同年龄层的男人在亲密关系的每个阶段所追求的东西、对关系的期待是不一样的。二十岁的男人追求的可能是一种激情。他或许会做出一些让人感动的事情。比如他虽然第二天要上班，但今天还是从异地飞来看你。他表达的是对你的爱意和关注。

三十岁的男人追求的是一种成家立业的状态，比较注重社交圈，在两性关系中更在意能否给对方提供安稳的环境。四十岁的男人需要承受很多压力，要照顾一家子的人。我们经常能看到一些中年男性抱怨上有老下有小，支撑起整个家庭很辛苦。这个年龄层的男人更追求环境的稳定、舒适。男人到了五十岁，由于身体等方面的状况开始走下坡路，对很多事情越来越力不从心，安稳成为他追求的一个很重要的方面。

女人无论处于什么年龄层，在亲密关系中的唯一追求都是：你要对我好。"对我好"包含两点：第一，你需要关注我；第二，我们之间的关系是稳定的。这跟女性长期以来拥有较低的价值感有关。她们更多的是通过他人的肯定、认同来提升自己的价值。

除了各自不同的追求，男人和女人在亲密关系中还有共同追求。排在第一位的是价值。只有我们自己是有价值的，我们才会觉得这段关系是稳定的，"我值得被爱，我值得被珍惜"。

排在第二位的是关系的平衡。我们会发现，有些情侣或夫妻从来不会吵架，即使自己有些难受、不舒服，也会克制，不会轻易指责对方。这就是关系达到平衡的表现，双方都可以很好地处理自己的情绪或情感。平衡的关系并不是静态的，而是动态的，它随时可能被打破。比如，家庭成员的增加，其中一方事业的变动等，都会令原本温馨的二人世界出现不同程度的问题。我们需要在这个过程中不断调整，以使关系达到平衡。

这种平衡越来越稳定后，我们就会追求一种圆满。这里所说的圆满关乎我们想做什么样的人，我们可以成全对方，使他成为他想成为的人。我们会成为什么样的人，受到原生家庭、价值观各方面的影响。成全对方的圆满，让对方成为自己想成为的人，对关系来说是一种滋养。比如，你的另一半追求的是一个好妈妈的人设，你可能需要适时地给予对方一些反馈或掌控权。若想更好地理解亲密关系，我们需要了解对方的诉求、对方的心理变化。与此同时，我们不能把全部的关注点都放在对方身上，我们也要知道自己是谁，做自己想要成为的人。

在关系中，我们还要追求自我规划。我们要不断问自己：我在这个过程中到底在追求什么？有的人建立亲密关系后，习惯于把所有的关注点都放在对方身上，而忽略了自己。这会造成一个问题：自己变得越来越不重要，甚至被对方看低或欺骗。

我身边曾经有这样一个案例：丈夫出轨，情人在外面生了孩子，身边的朋友都知道这件事，而妻子最后一个知道。在丈夫出轨的十年里，很多人都跟妻子说过"你丈夫外面可能有人"，她都一一否认了。这其实是一种自我欺骗。这位妻子如果能够理性地去思考的话，就会发现，他们之间的亲密关系早就处于欺骗与被欺骗的状态。

这个案例说明，我们在亲密关系中还需要追求真实。也就是说，我们在亲密关系中要追求真实的情感、真实的关系，而不是满足自己想象的虚假关系。我们只有真实地面对关系，才能真正地了解对方，不然就像两个个体在表演行为艺术。为了追求表面的恩爱而去维持一段关系，在这背后我们能体验到什么，只有自己才知道。

男人和女人都在关系中追求自己想要的东西，但由于不自信，我们经常怀疑对方追求的东西我们给不了，所以只能否定对方。对方自然会有一种自己不被理解、不被支持，被责怪、被否定的感觉。这样的话，这段关系的平衡就会被打破，双方的冲突无法避免。

一段好的亲密关系，需要彼此扮演三种角色。这三种角色分别是玩伴、老师和分享者。"玩伴"是指，双方拥有共同的爱好，或者一起去实现一些愿望。"老师"是指，当我们遇到无法解决的问题时，另一半可以提供不一样的思路或观点。有些女性很容易忽略这一点。她们往往意识不到，在跟伴侣相处的过程中，自己为对方提供一些有价值的建议，能促进彼此的关系。"分享者"的真正含义是做一个好的聆听者：能听到另一半真正想说的话，接纳对方的不安、沮丧或脆弱，并给予其所需的支持和帮助。

无论亲密关系里的双方各自追求什么，只要彼此能为对方提供这三种需求，就能在这段关系里相互滋养、共同成长。

怎样摆脱"凤凰男"与"樊胜美"的角色

凤凰男，指的是出身贫寒，几经波折终于考上大学，毕业后留在城市工作、结婚、生子的男性。他们大多比较好强，面对父母或亲戚朋友的诉求，总会无条件满足。

樊胜美是电视剧《欢乐颂》里面的女主角之一，她小时候没有得到父母的宠爱，靠自己的能力闯出一片天后，被家人不断索取，向她要钱。樊胜美这个角色是现实生活中一部分人的典型代表。她们跟凤凰男一样，面对家人的索取，内心往往比较矛盾，一方面为父母的做法感到委屈，另一方面无力反抗，只能不停地满足他们的要求。

很多人都很讨厌凤凰男和樊胜美，觉得他们一直在向身边的人索取，但他们并不想变成这样，是被原生家庭逼迫的。不管是凤凰男还是樊胜美，他们都处于不断被家人索取的状态。

凤凰男这类人，小时候，家里所有的资源都集中在他身上，让他强大起来，等他长大后，家人理所当然地要索取他身上的价值，让他反哺原生家庭。樊胜美这类人虽然一开始没有获得原生家庭的资源，却被迫为原生家庭创造资源，被原生家庭剥削她拥有的一切。

此外，凤凰男和樊胜美有几分相似。

首先，他们有一个属于自己的认知系统。这个系统的建立源于原生家庭。

其次，他们往往不会爱自己。凤凰男和樊胜美身上往往带着悲剧色彩，因为他们经常需要牺牲自己，来满足家人的期待。凤凰男所做的任何事都是为了光宗耀祖，为了原生家庭。樊胜美需要不停扶持自己的家人，帮助家人解决困难。他们的人生完全被家人裹挟。因此，他们很难找到自己，更别说好好爱自己了。哪怕只是为自己买一件比较贵的衣服，吃一顿比较好的饭，他们都会产生强烈的愧疚感，感觉自己背叛了父母。

再次，凤凰男和樊胜美心中都有一个渴望：自己能做一回主。这通常会体现在择偶上，他们会选择容易被控制的另一半。他们没有能力摆脱被迫贡献的命运，只能把"自己做主"的渴望放在伴侣身上。我们会发现，凤凰男大多大男子主义比较重，他们的妻子往往比较温顺，比较听他们的话。樊胜美这类人也渴望在亲密关系中拿到控制权，但她们的控制比较隐晦，她们会控制丈夫对家庭资源的知情权。她们会瞒着丈夫，偷偷把家里的东西拿去补贴原生家庭。这么做会导致她们的丈夫特别愤怒，他们觉得自己的知情权被剥夺了，两个人的关系不是真实的，充满了欺骗和隐瞒。

凤凰男也好，樊胜美也好，他们的内心往往充满矛盾和冲突。他们的价值冲突在于，当自己没有办法再为家里做任何贡献时，他们会觉得自己是没用的，是别人的累赘。他们就算不这么想，也会受到家人道德绑架式的谴责："你真是个不孝子。""这点儿忙你都不肯帮，我们还是一家人吗？"

我有位朋友，他父母有三个孩子，他是家里唯一的男孩。为了让他上大学，他的姐姐和妹妹都放弃了读书机会，外出打工，给他挣学费。所以，从小到大他都有个执念：一定要让家人过上好日子。当然，他感到压力很大。

后来，他的事业做得很成功，并且结了婚，一切都很和美。但有一次，就春节回家的问题，他跟妻子发生了很大的冲突。他的妻子是城市女孩，而他出生于农村，妻子每年春节回他老家后都会感到很不习惯，他老家跟她的成长环境相差太大了，她无法接受。在第三年春节回家时，妻子表达了不想回他老家的想法。这令我朋友很愤怒，两个人发生了激烈的争吵，甚至一度吵到要离婚的地步。

我朋友不断对妻子说，他的父母、姐姐、妹妹为他付出很多，他必须回报他们，让他们过得更好。妻子表示不赞同，觉得丈夫的付出是在牺牲他们两个人的共同利益。比如，他姐姐、妹妹在经济上有困难，他就拿着自己家里的钱去帮助她们，而且是无条件的，只要她们开口，他就会给，完全不考虑家里的经济运转会不会有问题。似乎两个家庭是联结在一起的，没有任何边界。两个人完全不同的认知系统，导致他们之间的隔阂越来越大，问题越来越多。这次春节回家的事就是压死骆驼的最后一根稻草，把先前积攒的问题一次性都爆发了出来。

对于原生家庭来说，凤凰男跟樊胜美是提供者，为原生家庭提供所需要的东西。对于小家庭来说，不论是经济上，还是情感上，他们都是索取者，把家里的资源搬回原生家庭。

当我们发现自己正扮演着凤凰男与樊胜美的角色时，我们怎么做才能摆脱这种状态呢？

第一，我们要知道，在原生家庭中，我们可能一开始就被工具化了。这个事实的确令人难以接受，但这不是单纯的好与坏的问题，就像原生家庭对我们的影响，有好的一面，也有坏的一面。我们要接受并面对这件事。

第二，我们要跟原生家庭进行分离。我们只有跟原生家庭分离开来，才能建立属于自己的家庭。当然，这种分离并不是指不管不顾，而是指两个家庭之间需要设立边界。我们要分清楚什么事需要父母解决，什么事需要我们解决。在保证自己家庭的正常运转后，如果原生家庭有困难，需要我们帮助，我们可以适当提供帮助，而不是事事以原生家庭为先，把自己的家庭放在最后，这个顺序是不合理的。

第三，在脱离原生家庭时，我们内心会有一些冲突，比如道德感的冲突、价值感的冲突。这些冲突是必然的，是我们必须去承受的。就像我的朋友那样，当他意识到问题后，为了挽回自己的婚姻与家庭，他把自己内心的无力、挫败都告诉了妻子，同时，他对妻子做出承诺，自己不会再做家庭资源的索取者，不会再无条件地帮助原生家庭。得到他的保证后，妻子表示愿意跟他一起帮助他的原生家庭，但必须明确哪些事可以做，哪些事不可以做。

第四，我们选择脱离原生家庭时，会产生一种愧疚感，害怕不帮助家人，他们会埋怨自己。我们要明确告诉自己，这不是我们的错，我们无法做到永远牺牲自己，满足别人。这其实是一次心理上的成长：明白自己跟父母之间的关系是成年人与成年人的关系。我们要尝试从一个被养育的孩子的角色中走出来。我们成年了，是个大人了，不再是小时候依赖父母的孩子了。而且，我们牺牲自己去满足父母，对于亲密关系中的另一方来说是不公平的，因为很多时候，我们牺牲的是双方的共同利益，而不是个人利益。

第五，我们要接受自己的平凡。无论是凤凰男还是樊胜美，他们的内心都有一个创造出来的幻想世界。在这个世界里，他们无所不能，所有人都围绕着自己转。但这只是不合理的期待。我们只有接受自己的平凡，走出自己的世界，去看看外面真实的世界，才能重建亲密关系，并处理好跟原生家庭的关系。

我们无法永远扮演一个贡献者或索取者的角色。因此，面对不是自己的事，我们一定要学会拒绝，坚定地说"不"。

遇到妈宝男，你该怎么办

妈宝男似乎表达了一位女性对老公或男朋友的嫌弃，指的是她的老公或男朋友和妈妈太亲密，一天到晚只听妈妈的话，没有自己的主见。

没错，妈宝男就像没有断奶的婴儿，容易成为妈妈的附属品，生活起居需要妈妈的照料，遇到什么事都要先听妈妈的意见。他们好像甘心放弃自己的权力，放弃独立思考，听从妈妈的指挥。他们简直就是某种意义上的"巨婴"。

如果你嫁给一个妈宝男会怎么样呢？无论你是对是错，只要你和他的父母意见不合，或者发生冲突，他都会听取他父母的意见，或者指责你不体谅他的父母，尤其是他的妈妈。甚至，很多妈宝男会因为妈妈不喜欢自己找的女朋友，最终选择跟女朋友分手。

记得有一篇文章讲过一个相亲的段子。一对男女经人介绍见面了。男的问女的："你是做什么工作的？"女的回答："销售。"男的又问："结婚后能换工作吗？我妈说，干销售的都得喝酒应酬，不顾家。"女的不高兴了，想早点儿离开。男的说："下次见面看场电影吧。"女的说："不用了，咱俩都一把年纪了，别在不合适的人身上浪费时间了。"谁知，男的叫住她，说："别这样，你这样我回家没法交代。我妈说，不管成不成，多接触几次再说。"女的忍不住撑了一句："回家告诉你妈，我是做销售的，不配给她当儿媳妇。"然后就走了。

这个故事中的相亲男就是非常典型的妈宝男。

为什么会存在妈宝男这样的男人呢？在成长过程中，当男孩到达一定年龄后，他会越来越爱自己的妈妈。为了获得妈妈的欢心，他必须让自己变得更像爸爸，他会开始模仿自己的爸爸。在这个过程中，可能爸爸不在了，或父母之间的关系不好，或爸爸本身也是妈宝男。

第一种情况，爸爸不在了。这意味着，这个男孩没有了模仿或认同的对象。在成长过程中，如果妈妈告诉儿子"你的爸爸是怎样怎样的"，让他塑造一个听话的爸爸的形象，儿子就会认同和模仿。

第二种情况，父母之间的关系不好。在妈妈眼里，爸爸很糟糕，她不想让儿子认同这样的爸爸，所以，儿子通常不敢认同爸爸，害怕妈妈生气和责怪。这样一来，爸爸很难挤进他们的关系中，因为孩子对妈妈的依恋是天生的。

第三种情况，爸爸本身也是妈宝男。一个妈宝男丈夫，通常无法扮演男人的角色，他的角色永远都是男孩。这注定他无法支撑起这个家，或无法成为这个家里的核心成员。不仅如此，他可能还需要被照顾，因为他的能力比较弱，无法面对问题或承担责任，只能躲在妻子身后，甚至家里的经济都需要妻子的支撑。这样的妈宝男，就是一个受妈妈庇护的男孩子，就算他成为爸爸，也只是一个影子式的爸爸。

在这种情况下，家里往往会有一个一直紧紧把儿子抓在手中的强势的妈妈。她很难与儿子划清界限，儿子在她心中永远需要她的照顾和指导。

如果你的另一半恰好是妈宝男，而你在亲密关系中受到了委屈，或感觉被完全忽视，要想解决这种问题，你该怎么做呢？

第一，你不要逼迫丈夫选边站。在多数家庭中，婆婆和媳妇相处的时间很多，容易争吵，相互为难。在这种对抗中，一个想拉丈夫作为盟军，一个想拉儿子作为盟军。你的丈夫如果是一个妈宝男，就会站在他妈妈身边。因此，从你指望丈夫帮你去跟婆婆进行斗争的那刻起，你就已经输了。

妈宝男一直要照顾妈妈的需要，内心有一定的压力。你非要他选边站，就等于撕裂他。如果你能更多地体谅他的这种压力，让他觉得你是可以信任的，一方面他会很感激你，另一方面他有喘息的机会，反而会去思考自己跟妈妈之间的关系是不是过于紧密了。

第二，你尽量不要责怪你的丈夫是妈宝男。当你责怪丈夫的时候，他会产生一种羞耻感，还会对你产生恨意。在这种情形下，你会让他觉得，你不认同、不接纳他，站在他的对立面，是他的敌人。这种责怪还有可能激发其他情绪，让他跑到你婆婆那边说你的不是，这就等于你在把他推出去。你可以尝试更多地了解他，毕竟在他的成长过程中，他一直被控制着。

第三，你不要把责任推到你丈夫身上。当你表达自己多么难过，多么悲伤时，他或许会特别心疼你，但无能为力。如果你把责任归在他身上，他可能会恼羞成怒，再次逃跑。这就像小时候承担妈妈所有悲伤的孩子一样，除了急得团团转，什么也做不了。

第四，你要想一想，你究竟想在婚姻中得到什么。这是最重要的一点。很多人可能会说："我一开始并不知道他是妈宝男。"这可能只是自我欺骗的谎言。也许你一开始就知道，只是你不愿意承认。他的身上一定有一些东西，满足了你的某种期待。

所以，你需要思考，应当如何看待自己的期望、婚姻的意义，这个男人能给你什么等，而不是反复地说："我在这段关系中是受伤的一方，我对他已经很好了。"

第五，当你做了种种努力后，你仍然不幸福，请选择离开妈宝男。为什么我会这么说？因为，当你发现你的丈夫是个妈宝男时，你就要知道，这意味着他跟他妈妈之间的分离需要很长时间。

"男孩丈夫"如何成为男人

我经常收到很多女性的留言，她们抱怨自己的丈夫像个男孩一样，为人处事等各方面都不够成熟。她们希望自己的丈夫能像个男人，而不是一个男孩。有趣的是，一方面她们就像《大话西游》里的紫霞仙子，盼望自己的爱人成为一个盖世英雄，另一方面她们又觉得丈夫能挣钱就好，其他的不能过多指望。

在亲密关系中，女性的投入和能力更容易让关系发生变化，这是女性独特的魅力。妻子这一角色，对家庭有至关重要的影响。

男孩丈夫成不了男人，一种可能就是妻子并不是真的希望他成为一个男人。有一位女性找了一个家庭条件比较好的男人做丈夫。她丈夫像个小孩子，不工作，只顾着出去跟朋友玩，事事需要她的照顾。即使结了婚，生了孩子，她的丈夫也没有任何改变。在照顾丈夫的过程中，她发现丈夫很听她的话，这让她感觉自己是丈夫生命中最重要的那个人。虽然她嘴上说着不希望丈夫像自己的儿子一样，但实际上，她在无意识间促成这件事。她潜意识里的自我价值感并不高，她总觉得自己长得不够漂亮，因而一直不自信。

从这个例子我们可以看出，部分妻子之所以不想让丈夫变成男人，是因为害怕丈夫成为男人后带来风险。丈夫越变越好，喜欢他的人就可能增多，她可能会配不上他。

还有一种可能，妻子陷入一个类似付出者的角色里，而这种角色需要一个放纵的人来匹配她。我做调解节目的时候，经常遇到类似这种组合的夫妻：一个非常负责，默默为家庭付出很多的妻子；一个嗜赌或酗酒，不负责任的丈夫。而且这个丈夫肯定非常任性，脾气很暴躁，对家里的事不管不顾，甚至输了钱还让妻子去还债，就跟一个闯了祸需要妈妈擦屁股的男孩一样。

任何一段关系都是相互作用的结果。我们如果真的想让自己的丈夫成为一个男人，就要先确定自己能否接受改变后的丈夫，能否给予对方承担责任和履行义务的机会。

此外，丈夫是否愿意成为一个男人也是很重要的原因。有些"男孩丈夫"自己不想长大，有些被迫长不大。

不想长大很容易理解。他们把自己视为青春期的孩子，不想负责任，不想面对矛盾与冲突。他们会认为，只要自己一直不长大，就可以一直得到父母的照顾。通常有这种意愿的丈夫，身边都会有一个像妈妈一样的妻子，为他打理生活的各方面，所以他根本不想，也不需要长大。

被迫长不大的"男孩丈夫"，比如妈宝男，他们大多都过分听取妈妈的意见，是妈妈的附属品。他们根本没有能力面对问题或承担责任，只能躲在妻子或妈妈的身后，等待她们替他解决问题或承担责任。这样的男性就算成为父亲，也只会是个没有存在感、无法为孩子树立榜样的父亲。

你如果发现自己和丈夫的相处模式就跟妈妈和儿子一样，而且你为此感到很痛苦，就有必要改变。当然，你与丈夫一起改变，比只要求丈夫一方改变更容易、更简单。

那么，我们如何帮助丈夫从男孩变成男人呢？

改变的第一步就是设置一个节点。我们要告诉丈夫"你在某个特定的时间要学会成为一个男人"，不能继续让他以"男孩丈夫"的身份生活，要给予他一个期限去改变自己。

同时，要给予他机会去成长。我有一位来访者，她的丈夫很喜欢下班后跟朋友喝酒、聊天，每次都会玩到很晚。因为酒后不能开车，所以他经常叫妻子开车去接他，然后他安心地在车上睡觉。我的这位来访者觉得一次两次可以接受，时间长了，就烦了。终于有一天，她拒绝了丈夫的诉求，跟他说："我不管你了。如果你不回来，我就把门锁上。同样的事情已经重复多次，给我造成了很大困扰。"当天晚上，她真的把丈夫锁在了门外。从此，她丈夫的这种行为大大减少了，偶尔他想出去喝酒，会提前问妻子能不能去接他，不能的话，他会克制自己，并在规定的时间前回家。

综上所述，想让一个"男孩丈夫"成长，我们就需要给他时间与机会，让他尝试自己解决问题，而且还要告诉他"无论结果如何，你都需要自己承担"。

如果他成功了，我们就给予他一定的肯定。男人最怕被妻子说"你真不是个男人"。如果我们经常用否定或批评的语气和丈夫沟通，这不仅会让他非常受伤、非常难过，还会让亲密关系充满嫌弃与厌恶。我们可以尝试多说"幸好有你"，这会让丈夫感到非常有成就感。

我们可以向丈夫提要求。我们要告诉他，我们希望他如何去做，如何成为一个男人。面对他，我们的母性部分可以收起来，因为他不是个孩子，而是个男人。如果我们经常用妈妈的方式去对待他，那他永远只能是个孩子。

一个妈妈只会匹配孩子，而一个女人则会匹配一个男人。一个好男人的背后一定有一个好女人。

"男孩丈夫"怎么做才能成为一个男人呢？

首先，要学会表达。我们可以跟妻子进行一次良好的沟通，跟她说出自己明确的需要。比如，有时候工作压力很大，或应酬很晚了回家，到家后却看见妻子坐在一旁看电视，没有注意到自己，在那一刻我们可能会勃然大怒，指责妻子的不是。其实我们发脾气只是想让对方看见自己，或者抱抱自己。下次我们可以尝试直接跟妻子说:"我想让你关心一下我,跟我说说话。"

其次,要学会承担责任。很多"男孩丈夫"遇到问题时,第一反应不是去解决,而是找妻子或妈妈,问她们该怎么办。特别是妻子或妈妈比较强势的家庭,这种情况会更容易发生。作为一个成年男人,我们有能力、有义务为自己的事情负责。

最后,要脚踏实地。我们发现,很多女性对自己的丈夫都有这样的评价:"我丈夫一天到晚只会吹牛,说的话从来没有兑现过。他就像一个青春期的男孩,总是用虚幻的话来证明自己的强大。"

辨别一位男性是男孩还是男人,主要看他是否有力量。一个有力量的男人能给家人带来安全感,不会回避问题,分得清什么是自己的责任和义务。

"女孩妻子"如何成为女人

　　有些女性成年后还保持着一颗少女心，她们希望自己未来的另一半是位非常强大而且各方面条件都很优秀的男性，还能读懂自己的心，会哄自己。如果有个类似这样完美的异性出现，很多具备少女心的女性都会陷进去。这就是为什么某些女性总会遇到渣男或骗子。

　　少女心泛滥会使我们成为"女孩妻子"。如果我们一直陷入其中，并要求另一半充当照顾我们的角色，这样的婚姻就会令双方都感觉很累。因为婚姻需要两个成年人共同去经营，需要夫妻双方一起解决生活、工作各方面的问题，一起承担压力。

　　没有觉察到自己在长期扮演着女孩的角色，渴望得到他人的照顾，并认为这是理所应当的女性，会在亲密关系中遇到一些问题。

　　多数情况下，婚姻中的另一半特别渴望"女孩妻子"长大成为女人。但"女孩妻子"可能会觉得自己没有这样的能力，或回避成为一个女人。

我的一位来访者就是"女孩妻子"。在她小时候，父母有点儿重男轻女，弟弟比她得到更多的关注和宠爱。长大后，她找了一个对她很好的丈夫——给予她一种类似幻想式妻子的感觉。这种感觉使她无论遇到什么问题都会问丈夫的意见，或者让丈夫帮她处理。后来，她发现丈夫不太愿意跟她交流了，虽然丈夫还是一如既往地疼爱她，但感觉和她没有以前那么亲密了，而且丈夫在哄她的时候会流露出一丝不耐烦。这让她感到恐慌，害怕自己的婚姻出现问题。

我询问了一下他们平时的相处方式，发现她一直都是制造问题的人，而不是解决问题的人。比如，家里的灯坏了，她其实可以打个电话给物业，让物业帮忙修，但她一定要让丈夫修，无论丈夫正在做什么，她都必须让丈夫去想办法。在后来的婚姻咨询中，她的丈夫终于说出了自己的感受。他觉得有时候自己真的很累。虽然他很爱妻子，但这种时时刻刻都要担心妻子会不会出问题的状态实在令他很疲倦。

显然，如果我们长期以一个小女孩的角色去要求另一半像父母那样帮助自己、照顾自己，这只会加剧双方的矛盾和冲突。作为一个成年人，我们必须学会自己承担责任，自己照顾自己，而不是依附别人过日子。夫妻之间更需要相互尊重、珍惜、肯定和认同，而不是一味地宠爱或溺爱。在这段关系里，我们只有拥有自己的价值，才有能力和另一半共同面对或承担事情。

一位女性成为"女孩妻子"，主要有两方面原因。

第一方面，迫于另一半的不断要求，被迫成为"女孩妻子"。有些男性可能希望把妻子当成女儿来照顾，或者处于老夫少妻的婚姻模式，因此他们对妻子要求很简单，简单到"你不需要管我的事，专心待在家里相夫教子就可以"。在这种情形下，丈夫在供养妻子的同时，也把妻子的角色固定了。身份是自己给予的，角色是别人要求的。很多时候，我们会认同别人给我们的角色，而忘记自己到底想成为一个什么样的人。

第二方面，她们小时候没有得到过父亲的宠爱，以至于经常幻想：如果有一天能遇到一个宠爱我的男人，我就可以退行到小女孩的状态，做一个真正被宠的小女孩。从心理学上来说，这是在弥补或补偿曾经缺失的东西。

不管我们是被迫还是无意识间成为"女孩妻子"这样的角色，都会给亲密关系带来很多麻烦和冲突。

那么，我们如何从"女孩妻子"成为女人呢？

首先，我们要问自己这样的问题：我究竟想成为一个什么样的人？在婚姻关系中，我想成为一个什么样的妻子，或者想做一个什么样的妈妈？这种自我对话越详细越好，比如拥有什么样的才能，有什么爱好，具体到某一方面。我们也可以设想一下，当自己成为"女人妻子"后，希望丈夫怎么对待自己。如果两个人都希望这段关系和谐，我们就要先确定自己想成为一个什么样的人。

其次，我们要思考一下，小时候，我们最担心的是什么，最大的感受是什么。我们之所以思考这样的问题，是因为我们要看看现在的亲密关系里是否折射了我们在原生家庭里害怕的东西，或者说现在和丈夫之间的感觉是不是跟在原生家庭里和父母相处的感觉类似。

最后，我们要厘清自己是在做一个扮演着父母角色的孩子，还是一个渴望被父母宠爱的孩子。有些女性会说："我才不像一个小女孩，更像一个老妈子在照顾着家里的一切。"真的如此吗？我接触过这么一个案例。案例中的妻子虽然照顾着丈夫的衣食住行，但每次跟丈夫说话时总是小心翼翼的，害怕说错话惹他生气。我问她："这种感觉是不是跟你在原生家庭中的体验一样？"她才反应过来，原来她一直固着在小女孩的角色里，没有发生过任何变化。

找到角色定位后，我们可以尝试自己去解决问题。我的一位朋友很宠爱他的妻子，什么事都帮妻子安排好。他的妻子在家基本上不需要操什么心。有一天，我朋友生了重病，他的妻子知道这件事后，觉得天要塌下来了，几乎要晕过去了。正好有位医生路过，他对我朋友的妻子说："你丈夫现在需要的不是一个会晕过去的妻子，而是一个能承担起一切，给予他支持的妻子。"因为这番话，他的妻子开始学习照顾他的生活，两个人的关系变得越来越融洽。

我朋友痊愈出院后，两个人的关系发生了变化。以前我朋友不会把生活上或工作上的琐事跟妻子分享，因为觉得她不会懂，无法提供帮助。现在他会主动跟妻子沟通，与妻子一起面对家庭中的困难。我们只有拥有了承担一切的能力，才可以跟丈夫一起承担责任，处理事情，共同成长。

在亲密关系中，如果夫妻双方共同成长，他们就会一直相互吸引。如果我们是一个能被一眼看穿的人，别人就不会对我们特别好奇。我们只有不断成长、不断变化，才能吸引别人关注我们。无论我们是被迫固着在女孩的角色上，还是主动成为这样的角色，我们都需要明白，自己是一个妻子，而不是一个被丈夫宠爱的女孩。我们只有成长，才能让婚姻走得更远。

成为对方的欣赏者，让爱情常鲜

如何让爱情保鲜？我相信，这是很多人都需要去思考的一个问题。关于爱情，不管是一见钟情也好，还是日久生情也好，其中的激情、甜蜜和喜欢，一般来说都有期限。一段感情能一直维持下去，更多的是需要双方共同努力。

很多人会因为恋爱的时间长而产生几个误区。其中一个误区是，既然我们在一起这么久了，只要我们一直保持现状，我们之间就不会有问题。但是，一个人在成长过程的不同阶段需要的东西不一样，面对的问题也不一样。所以双方的爱也需要不断去建设。

另一个误区是，你既然爱我，就应该为我负责一辈子。当一个人需求越来越多，另一个人无法负荷时，他们就有可能会因爱生恨。我们会发现，如果两个人之间的激情慢慢消退后，没有别的东西去填充，或没有及时去建设，其中一方还在不断索取，这段爱情就会开始褪色，然后消失不见。

爱情里有一个价值互换原则。所谓的价值互换原则就是指两个人互相吸引是因为彼此有被对方认可的价值。所以我们不要一边怀疑自己的价值，一边要求对方喜欢自己，这会导致吸引力越来越弱。这种价值互换不是指提供多少钱，或送多贵重的礼物给对方，更多的是提供情感或情绪上的认同、尊重和价值等。

很多人认为双方会互相吸引，从而建立亲密关系，甚至最后走进婚姻的殿堂，最主要的是找到一个跟自己相似的人，但其实应该找一个跟自己互补的人。钱锺书和杨绛之间的爱情就是一个互补的例子。钱锺书没有什么生活技能，一直靠杨绛照顾。这种"我不能的你能，你没有的我有"的互补关系，才能让爱情走得更远、更久。

要想让爱情保鲜，我们就要成为对方的欣赏者、支持者和知己。

两个人如果相互嫌弃，就不可能欣赏对方所做的一切，更不会成为对方的支持者。所以我们内心里对对方的欣赏非常重要。我曾经遇到一个有趣的案例。案例中的丈夫赚钱能力很强，妻子是学金融的，但因为家庭分工，成为全职家庭主妇。对于丈夫的赚钱能力她是认同的，但她还想为丈夫做些什么。后来她偷偷地拿自己的钱去做投资，两年内赚了六百多万。我问她："这笔钱你打算怎么用呢？"

她说要当备用金，以后丈夫遇到什么困难，自己可以第一时间支持他。我对她说："你们之间的这种感觉挺好。你成为你丈夫的支持者，你用了一种很奇特的方式去实现这一点。"她很欣赏丈夫这种支撑起整个家的行为，自己去赚钱是希望自己能给予丈夫更实际的支持。夫妻之间能彼此支持的基础是彼此欣赏。

此外，我们还需要成为对方的知己。所谓知己，就是这个世界上有一个人特别了解你，不管你说什么，他都能马上明白。你可以向他展示脆弱的一面，向他倾诉一些不好的经历。他不会对你有一丝嫌弃，不会有离开你的想法。你们之间很亲密。

很多时候，我们希望对方能够按照我们的意愿去改变，希望他能变成我们所期望的那个人。但保鲜爱情的有效方式是接受对方真实的样子，并且做到欣赏对方、支持对方、成为对方的知己，让彼此感觉到自己在这段关系中是重要的、独特的、被爱的。

要想让爱情保鲜，我们还需要学习几个小技巧。

我们可以创造一些共享的时光，并留下照片或视频。未来双方发生矛盾或冲突，甚至要离婚的时候，这些照片或视频有助于重建亲密关系。一个离婚登记处的墙上写着这样的标语："我们约好了，携手走完一辈子。亲爱的你忘了吗？"很多人看到这样的标语后都会重新考虑离婚的事。因为这句话能使人想起曾经的美好时光，让处于矛盾和冲突中的两个人能暂时冷静下来，去认真想一下这段关系是否已经走到了无法挽回的地步。

我们可以让彼此的互动成为习惯。时间久了，两个人就会形成共同习惯，让双方能够在这段关系里待得更舒服。

两个来自不同家庭的人生活在一起，由于观点、审美或习惯等不同，发生冲突的可能性很高。面对冲突，我们需要给自己设置一个时间点，到了某个时刻必须和解，这对于维系感情有很大帮助。

我的朋友中有一对结婚多年的夫妻。虽然平时他们总是吵吵闹闹的，但从他们的眼神中可以看出，他们对彼此的爱很深。这种爱的程度是无法伪装的。我问他们是如何保持这种状态这么多年的。其中一位朋友说："我们不管因为什么吵架，都不会让不愉快的情绪隔夜，一定会用亲密行为作为结束。无论当时的我们是否愿意和解，时间点一到，我们都必须遵守这个约定。"

因此，遵守共同契约也是爱情保鲜的技巧之一。只有两个守信用的人在一起，才能让感情维系下去。如果其中一方经常违背契约，那么另一方迟早会对这个人失去信任，对这段感情失去信心。

除了契约精神，亲密关系中还要有爱意的流动。有些人会说："我一直在维护一段濒死的婚姻，两个人像行尸走肉般。"这是因为双方已经没有了情感互动，这样的婚姻名存实亡。有时候我们会本能地回避问题。比如，有些女性跟丈夫闹矛盾后，会把大部分精力都放在孩子身上；有些男性为了逃避夫妻矛盾，会把大部分精力放在工作上。我们如果想继续维系这段关系，就不要等待或期待对方去解决问题，我们可以主动出击。

　　每一段亲密关系都需要维护。如果十年如一日地生活着，婚姻中出现问题不去及时解决，爱情很容易被平淡与矛盾杀死。因此，我们需要成为对方的欣赏者、支持者和知己，让彼此的爱意流动，让爱情保持新鲜感。

屡遭背叛，可以果断离开

在婚姻关系中，丈夫出轨这件事带给妻子的体验很糟糕。作为妻子，我们往往会因此产生一种分离的恐慌，就是"他不要我了，他要离开我了"。此外，我们的自尊会受到挑战。亲密关系具有排他性，我们对婚姻是有所期待的。对方的出轨行为就等于挑战我们的底线，这会让我们有不被尊重的感觉。

亲密关系还具有唯一性。这种唯一性一旦被打破，我们将无法获得独特性的体验。没有了独特性，就没有了被爱的感觉。我们没有了这种感觉，就会觉得特别空虚。

有些女性会因此产生性羞耻感。她们知道丈夫出轨后，会询问更多细节，希望得到一种掌控感，但这些细节往往会给她们带来特别强烈的羞耻体验。

她们还会自我怀疑，反思自己是不是需要为这件事负责。甚至有些女性会有一种愧疚：是不是因为我不够好，他才会这样？这种强烈的自我怀疑或自责，会使两个人产生更多冲突。

为什么我们的另一半需要别的女人？我们可以从这几个方面来重新审视对方，审视这段关系。

第一，一个男人有了伴侣还和其他女性有染，或许他在表达对伴侣的恨意。这种恨意有可能是因为伴侣达不到他比较高的期待，或者他总是幻想别的女人能给他更好的感觉。他还会物化女性，工具化女性。他有需要时，就希望有人能满足他，如果妻子做不到，他就会去找别人来满足自己。

第二，在一段关系里，人通常分为两种，一种是依赖者，一种是反依赖者，而且通常这两种人会配对。一般来说，反依赖者都希望有私密空间。如果对方对他有依赖行为，或他感觉到对方有依赖行为，他的反依赖特质就会被激发。他会跟其他异性维持短暂的性行为，或建立一段亲密关系，来缓解这种压力。

第三，与自尊有关的原因也会导致出轨行为。自尊感跟自我效能感有关联。所谓的自我效能感就是指我们可以控制什么，拥有什么，有什么能力，影响力有多大。如果一个人的内心有强烈的自卑感，他往往需要通过增强自我效能感来维护自己的自尊。比如，有些男人经常跟别人吹嘘自己有多少女人，跟多少个异性发生过关系，就是因为内心自卑。

我问过很多习惯性出轨的男性来访者，他们对出轨这件事是怎么看的。这些来访者的心路历程大多数是这样的：从他们追求一个人，到成功建立亲密关系，再到对方对他们产生一种类似情感的东西，他们会获得一种强烈的成就感。但这个高峰体验过后，他们就会对对方产生排斥或厌恶的感觉，就要开始寻找另外一个目标。

第四，他可能正在复制某种模式。成瘾行为就是一种无意识的模式复制。有个高尔夫球明星叫泰格·伍兹，他得了一种叫性成瘾的心理疾病。这种疾病的形成跟他的原生家庭有关。他妈妈对他的过度保护，使他对女性的依赖性很强。他曾说过，每当压力很大时，他对女性的渴求就会非常强烈。和异性发生性行为，会产生一种类似亲密关系的短暂性联结，而这种联结让他感觉自己是被满足或被照顾的对象，可以有效地缓解他的压力。

我们发现丈夫有别的女人时，虽然很伤心，但是可以做出选择。我们要时刻告诉自己，这不是我们的错。我们要先把自己摘出来，至于需要谁负责，这是另一个层面的问题。

与此同时，我们要真诚地面对自己，真诚地面对这段关系，真诚地面对丈夫。我们可以直接跟丈夫说："看到你跟别的女人在一起，我心里很难过。那一刻，我觉得自己被你抛弃了，你要离开我了。"这样不带攻击性的直接表达，可能让两个人的关系发生一些变化。

最重要的是，我们要打破对对方的期待，不要总觉得对方会改，会浪子回头。很多时候，女性之所以会在亲密关系中不断受伤，正是因为有这样的期待。每个遇到这种伴侣的女性都会问自己一个问题：我是应该离开他，还是改变他？有些女性总是幻想着"他会慢慢变好",用一种包容甚至讨好的态度对待另一半。这样的期待是不合理的,这样的做法是不可取的。

我们如果在一段关系中感觉自己没有被尊重,或不断遭到背叛,可以选择离开对方。这不是什么羞耻的事,并且不难实现。有时这是最好的选择。

如何面对离婚

如今，人们对离婚的接受度越来越高了，离婚慢慢变成普遍现象。但离婚对于我们来说是生活中的大事件，它意味着两个人的关系、情感、生活方式等各方面都发生了重大变化。

婚姻对于每个人的意义不一样，有些人可以很潇洒地离婚，但更多的人对待婚姻的态度可能有以下几种，他们可能无法很好地处理离婚问题。

第一种，把离婚当成世界毁灭。我曾经在微博上做过一个问卷调查：什么时候你会觉得天要塌下来了？投票最多的是：当另一半提出离婚的时候。为什么会这样呢？这是因为很多人对婚姻有着非常强的依赖感，认为对方可以依靠，可以给自己提供保护，可以改变自己的整个人生，所以一旦对方提出离婚，他们就会感觉跟天要塌下来一样。

第二种，无法接受分离的状态。为了不和对方分开，他们甚至会用比较极端的行为来阻止，比如争吵或一些肢体对抗。表面上看，他们似乎非常想挽留这段婚姻，但真相可能并不是这样，他们也知道这段婚姻出现了很大问题，只是无法接受这种分离而已。分离对于他们来说是极大的创伤事件，他们不愿也不想看到它发生。

第三种，把离婚事件看成人生的污点。特别是一些对自己要求高的人，他们希望自己的人生是完美的，没有任何污点。离婚对于他们来说就是人生中的一个污点，他们不允许自己走到离婚这一步。

我们如果对离婚抱着这三种态度，通常无法很好地面对离婚，更无法妥善处理离婚带来的种种问题。

有些人离婚后会很自责，特别是那种在关系中充当照顾者角色的人，或在婚姻中有过错的一方。他们认为离婚是因为自己没有做好，但事情已不可逆转，所以他们会有一种无力的挫败感。

有些人离婚后在情感上不能接受这样的事实。也就是说，离婚这件事虽然发生了，但当事人在内心一直否认离婚的事实，希望还能回到过去，跟前任的关系还是那种融为一体的感觉。我的一位朋友在跟妻子离婚后，在他们以前同住的房子里大哭一场，因为那里的每个角落都有对方生活过的痕迹。这种悲伤的感觉太强烈了，以至于他无法承受。后来他选择把这套房子卖掉，因为他不愿意承认自己和妻子分开的事实。

有些人会在心中暗暗发誓：一定要找个比前任更好的人。这种比较说明他们跟对方的分离还没有完成。每当进行比较的时候，前妻或前夫的影子就会出现，与其相处的记忆就会被唤醒。

有些极端的人还会产生报复心理：你越想分开，我就越不跟你分开，我要一直缠着你，跟你在一起，不让你跟其他人再婚。这种做法很不明智。放过他人，等于放过自己。

这四种容易产生的情感或行为是由于人们无法承受离婚之痛，被当下情绪影响所做的选择，并不是深思熟虑后的理智选择，虽然可以理解，但并不可取，要尽量避免。

两个人选择结束婚姻关系，首先要进行法律层面的分离。双方要去民政局办理离婚手续，进行财产分割，商议孩子的抚养问题。

其次，我们还要进行关系的分离。也就是说，离婚后双方之间的边界不一样了。以前双方会住在同一个房子里，睡在一张床上；离婚后，双方就要开始独立生活。同时，彼此的人际关系需要重新梳理。

最后，我们要进行情感层面的分离。离婚这件事对于任何人来说都是一种丧失的体验，这是人生中非常重要的课题，若是处理不好，将会遗留很多问题。有些夫妻明明已经处于离婚的状态，但由于对彼此的恨意太强烈，还会经常互相指责、争吵，甚至大打出手。尤其是一些依赖型的人离婚，他们会感觉到强烈的丧失的空虚和痛苦，就像离开妈妈去上幼儿园的小朋友。无论是恨意，还是依赖，本质上都是在情感上没有完成分离。

那么，我们在离婚前后要注意些什么呢？

第一，不要被自己的情绪主导，做出冲动离婚的决定。很多人离婚是在一种强烈的情绪下做出的选择，是一种冲动反应，并不是真的想要离婚。在正式离婚之前，双方可以先给彼此一个冷静期。在这个过程中，双方都认真思考一下，离婚对双方来说是不是最好的选择。如果双方都沉浸在那种恨意中，无法好好思考，我强烈建议进行婚姻咨询。

第二，我们不要把婚姻问题跟人品问题混为一谈。有些人会觉得离婚是自己的问题，是因为自己的过错，因而背上很重的思想包袱。其实离婚只是彼此不适合而已。俗话说"一个巴掌拍不响"，离婚更多的是双方互动的结果，如果一定要把婚姻问题和人品问题关联起来，那种感觉就太糟糕了。有时候人们为了回避这种自责的心理，会把觉得自己做得不好的地方投射给伴侣，会不断地向他人讲述自己的前妻或前夫有多不好。

第三，离婚的时候，我们最好要有一个仪式。通常一件事的结束意味着另一件事的开始，在这个过程中我们往往需要一个仪式，离婚也一样。仪式感可以让我们从这一刻起真正承认这件事结束了，另一件事开始了。有些女性失恋后会剪头发，这象征着一切从头开始。我建议离婚的双方不妨坐下来安静地吃个分手饭，双方可以一起回忆过往的点点滴滴，伴随着情感的自然流露，还可以进行一次深入的谈话。如果双方无法回忆过去的点点滴滴，这就说明双方还没做好面对离婚的准备，没办法真正地接受这件事。

第四，决定结束婚姻关系时，我们就要和对方达成处理琐碎的后续问题的共识。有些人离婚后还在争吵，两个人相互指责、相互怨恨，有的甚至会恨一辈子。这不是一个成年人处理事情应有的方式。我们可以把离婚看成一个成长机会，学会更成熟、理智地去面对和处理事情，不能一味地让情绪操控自己的行为。

第五，处理完相关的问题后，我们可以憧憬一下未来。憧憬未来能让我们更好地接受分离带来的悲伤。有些人离婚后很久都无法释怀，对对方一直抱有恨意，或者处于贬低自己的状态。有些女性离婚后无法相信自己能够找到一个比前任更好的人；有些男性会觉得"原来妻子对自己有这么多不满和怨恨，我真的不是个男人……"我们处理完相关问题后，憧憬未来，就等于给自己一个新的开始，新的尝试。

当然，憧憬未来、新的开始，并不意味着一定要找跟前任的性格相反的另一半。有的人离婚后会想：我一定要找一个跟前任完全不同的另一半。如果前任懦弱，他就要找勇敢的；如果前任强悍，他就要找温柔的。但现实往往不是这样的，有可能现任跟前任是同一种人。

第五章

稳固重建：
收获持续的幸福

亲密关系就是你的内在关系模式

　　父母之间的关系是我们现在的亲密关系的最初模板，我们内在的关系模式也影响着亲密关系。觉察到这一点并选择与对方合作，我们就能拥有甜蜜的亲密关系。

　　亲密关系的原始组成部分来自一种依恋。这种依恋就像婴儿出生时对重要照顾者——母亲的依恋一样。如果你和父母的关系是和谐的、亲密的，那么这种感觉最终会内化到你潜意识中，变成你内在的一种关系模式，也就是说你的内心通常是平和的，对别人亲和，那么你的两性关系通常也是和谐的、亲密的；相反，如果你在原生家庭中和父母冲突不断，那么你内在的关系模式通常也会充满冲突，你的两性关系也很容易出现冲突。这就是心理学所说的：人的内在关系模式会影响亲密关系。

　　内在关系模式大体上分为两种，一种是对立模式，一种是合作模式。

对立模式就是习惯于在关系中证明自己是对的，对方是错的。既然对方是错的，那么对方就是坏的，站在自己的对立面，对自己有伤害性。

我的一位女性来访者起初对男朋友非常仰慕，觉得对方各方面都很优秀，又年长成熟，能照顾自己，于是对其有了很多物质方面的期待，并且希望对方经常陪她。她男朋友一开始也很欣赏她。他们能相互满足对方的期待。后来因为她男朋友工作繁忙，他们产生了冲突。在某次约会时，她男朋友因为一件紧急的事没办法陪她去看电影，也没有给她太多解释。她觉得男朋友不爱她，对她根本不上心，自己只是满足对方需求的一个工具。他们之间的争吵开始增多，最后男朋友提出分手。她无法接受，不断用不同的方式纠缠他，让他感到难堪，这让他们之间充满了恨意。

在这个案例中，这位女性来访者的内在关系模式是对立的。刚确立关系时，她把对方看成了一个理想中的人。她的内心是不安和恐慌的，所以才会对对方有那么多期待。期待落空之后，她马上滋生出失望和敌意。

这种以自我为中心，总想让对方满足自己需求的内在关系模式，很容易使我们产生恶意。我们的需求一旦没有得到满足，或我们没有感受到对方的爱意，就很容易认为对方是个坏人，于是感到愤怒，并责怪对方。这必然会激发对方的对抗，使矛盾越来越多，使亲密关系走到尽头。如果我们的内在关系模式是对立模式，我们就会经常合理化自己的感受、行为，这只会把对方越推越远。

内在关系中的合作模式，则是指愿意和对方一起承担责任，互相滋养与合作，愿意为了对方改变自己。这种内在关系模式折射到亲密关系中，能使双方的关系越来越和谐、亲近，甚至慢慢修复原有的内在恐惧和不安。

当我们发现自己正在把对方越推越远时，我们可以从下面几方面调整我们的关系模式，以此修复亲密关系。

首先，我们需要厘清一个问题——这段关系到底是谁的？处于亲密关系中的我们，经常觉得这段关系不是自己的，而是对方的，自己是在为对方付出。我们将对方放在了受益者的位置上，将自己放在了受害者的位置上。事实上，这段关系是我们自己的。我们只有意识到这一点，才会去思考自己应该为这段关系投入什么，或在哪些方面做出妥协。我们肯为这段关系做出改变，就意味着我们不再把对方看成一个敌对的人，我们的关系模式开始趋向合作，不再是对立的。

其次，我们还要看清楚对方的角色。有时候，对方对我们的伤害不是故意的，可能只是为了保护他自己。因此，我们选择去修复这段关系时，要辨别清楚对方是伴侣，还是加害我们的人。同时，我们要明确对方只是伴侣，他无法充当别的角色。

如果我们的内在关系模式是对立模式，我们就会对世界不信任。但我们不能因此而希望另一半帮我们克服恐惧。我们要明白，这个恐惧是属于我们自己的，对方没有义务或责任帮我们，也不一定有能力帮我们。如果我们希望另一半成为父母或治疗师，这只会让我们感到沮丧或失望。而且，我们对另一半不信任，还要求对方无条件地爱我们，这是不合理的。

我们把另一半放在对立面，对其不信任，甚至面对对方时充满恐惧，还想要得到对方无条件的爱和满足，希望对方能按照我们的意愿对待我们，就跟希望敌人能满足我们的需求一样，是不可能实现的。这是不合理的期待。

最后，我们要接纳人性的不完美。真正理性的人明白世界上没有完美的人，能够接纳对方真实的一面，无论是好的一面，还是不好的一面。

在亲密关系中，有些人倾向于战争，因为在战争中能突显出自己的优越性，能享受掌控一切的感觉；有些人倾向于和平，把自己的一些棱角磨掉，跟对方更加匹配。无论哪种模式，都反映了你内心的状态：究竟对方是可以信任的，还是令自己恐惧的、充满恨意的？不同的内在关系模式造就不同的亲密关系。我们明白这一点，才可以修复或重建一段关系。

亲密关系的三个阶段及其挑战

　　大部分亲密关系都是在非常美好的感觉中开始的，不过不是所有的亲密关系都能始终保持那份美好。随着时间的推移，一段亲密关系通常会经历三个阶段：幻想阶段、破灭阶段和斗争冲突阶段。这可能会引发两种结果，一是亲密关系破裂，二是亲密关系重建。

　　我们之所以开始一段亲密关系，是因为我们内心有渴望，有需求。这种渴望和需求来自我们的孤独与依恋。当我们需要一个人来满足我们的需求时，我们就会和别人建立亲密关系。因此，每段亲密关系一开始都处于幻想阶段，我们幻想对方可以满足自己的需求，彼此的关系很亲密。

　　在这个阶段，有两点对双方都会造成压力：一是我们会渴望对方能让自己开心，二是我们必须满足对方想要的一切。这两点表达出来有时候就会变成"你对我如何""我对你多好""我对你付出了多少""我损失了多少"这类比较。我们希望对方承认我们给予他的更多，而对方给予我们的不够。

相处时间越久，双方了解得越深，上面这种感受和表达越多，亲密关系就越容易发展到破灭阶段。所谓破灭，就是指很多东西并不如想象的那么美好，有时我们会觉得对方变了，不再是当初认识的那个人了。

这个阶段的挑战有两方面。一方面，我们需要接受对方真实的样子。对方真实的样子不可能跟我们想象的一模一样，对方一定会有缺点。我们如果无法接受对方真实的样子，就会感到特别失望或愤怒，可能会指责对方，或者发脾气、摔东西，引发冲突。另一方面，我们需要接受这种幻想破灭带来的情绪问题。当幻想破灭，人内心深处各式各样的情绪就会被激发出来，比如后悔、沮丧、懊恼或恐慌等。我们会觉得自己很糟糕，很痛苦。

我常说，在一段关系里，谁痛苦谁改变。但在亲密关系中，我们经常走向一个误区：我痛苦，你改变。当然，这一点很符合我们刚开始建立亲密关系时的需求。因此，为了让对方改变，我们往往会使亲密关系发展到斗争冲突阶段。

在这个阶段，双方处于斗争的状态里，彼此都想要控制对方，让他变成自己想要的样子。如果对方不受自己控制，我们就会更加失望、愤怒，甚至产生对抗心理：你在意什么，我偏偏不做；你不喜欢什么，我偏偏做给你看。

当两个人处于斗争的状态时，彼此的沟通常常会变成情绪发泄，内在的情感无法被表达出来，更无法被对方接收到。

这样的冲突多了，有些人就会觉得自己越来越无法理解对方的行为，自己的需求越来越得不到满足，从而直接选择自我放逐，也就是说，对这段关系已经没有了信心，不想再为这段关系付出什么。这可能导致亲密关系破裂。

亲密关系破裂后，有些人会一直憎恨对方，不停数落对方，因为他无法承受这种幻想破灭的感觉。指责对方不好，等于把不幸的原因推给对方，这会让他心里好受些。更多的人则会在亲密关系破裂后寻找一个新的亲密对象。他们认为自己过去选错了人，再找一个对的人，问题就解决了。

但这不是生活的真相。生活的真相是，无论你找到多对的人，只要建立起亲密关系，都可能会经历这样的几个阶段，都会存在一定的问题。努力去解决问题，修复或重建亲密关系，才是维持亲密关系最好的方式。

当亲密关系破裂时，有些人会努力去修复或重建。如果彼此愿意互相信任，并且还有一定的共同利益，这段关系是可以被修复或重建的。

彼此之间的信任包含两方面：一是肯定自己仍然是对方所重视的人；二是相信自己即使在对方面前展示脆弱，对方也不会因此攻击自己。

我有一位来访者，他经常跟妻子吵架，但无论怎么吵，他们始终没有离婚。我问他："你没有考虑过离婚吗？"他说曾经有过，但妻子说的一番话让他改变了想法："你最糟糕的状态我都见过了，我也接受了，再也没有一个人能像我这样接纳你这么糟糕的状态。有一天你身患重病或者不能动弹时，你觉得我会不会在你身边？"过去的经历让我的这位来访者相信妻子是不会抛下他的。这种信任就是他们的亲密关系可以重建的前提。

除了彼此信任，这种能被重建的亲密关系中大多存在共同利益。共同利益就是指彼此生活里有物质上的共同需求，或有共同的孩子，或有共同的精神需求。

如果我们的亲密关系中还存在以上两点，并且我们还想继续维持这段关系，那么我们需要问自己能否做到以下两方面。

一方面，我们能否承受幻想破灭的感觉。当幻想破灭时，我们会产生各种不良的情绪，处于一种特别恐慌的状态，就像从天上掉落到地面的感觉。我们需要思考，自己能否接受真实的生活，真实的生活不可能是完美的。

另一方面，我们需要考虑一个问题：这段关系重建后，彼此之间是否有一种新的可能性？很多人以为，重建亲密关系就是指回到从前那种充满幻想的状态。但亲密关系的重建恰恰不是回到以前的幻想状态，而是进入一种新的相处模式。

举个例子，香港电影《家有喜事》里的大哥常满和他妻子一度处于关系很不好的状态。常满很嫌弃他的妻子，还在外面找了另一个女人。后来妻子开始学会改变自己，不再只是依赖丈夫在外面赚钱，自己待在家里做个黄脸婆，而是蜕变成一个非常独立、有主见的女性。最终常满回到了妻子身边。

当然，我并不是鼓励或赞成这种浪子回头的方式，而是想说，在他们这段被重建的关系中，妻子和丈夫都是作为独立的个体在相处，和之前的依赖—嫌弃的模式完全不同了。

另外，我们需要注意，自己是否已经在斗争的过程中完全自我放逐了。如果你非常嫌弃对方，不想再为这段关系付出什么，甚至已经移情别恋，非常坚决地要结束这段关系，那么这段关系是无法修复或重建的。

我们所说的重建亲密关系，并不是和好如初，破镜重圆，或回到热恋期，而是重新去建立一段真实的关系，一段真实接触的关系。如果我们回到原来充满幻想的关系模式中，那么彼此之间的问题依然存在，关系再次破裂的可能性比较大。重建亲密关系，不是为了一起慢慢变老，而是为了不断学习与成长，为了享受重建亲密关系这个过程。

好好谈一次恋爱，建立真实、良好的关系

我在微博上收到一条私信，是一个小女生给我发的。她说："老师，我觉得自己很奇怪，明明喜欢的人也喜欢自己，可我总觉得自己配不上对方，无法接受对方的表白，但也不想跟不喜欢的人在一起。我到底是怎么了？"

类似这种无法好好谈恋爱的困扰，当下很多年轻人都有。这蛮可惜的。为什么有些人会无法好好谈恋爱？首先我们需要厘清什么是恋爱。

一段好的恋爱关系需要对方扮演三种角色。恋爱的本质是寻找一个人，这个人是你信任的，可以充当玩伴、老师，并和你互为镜像。不管你以什么心态或动机开始一段恋爱，对方首先一定是你的玩伴。为什么这么说呢？很多人想要谈恋爱，可能只是不想老是一个人待着，或者只是想找个人一起吃饭。我们都需要一个愿意陪伴我们完成一些事情的人。

在一段好的恋爱关系中，对方还应该是老师的角色，能让你从他身上学习到很多东西。你也许听到过这样的感叹："你谈了这场恋爱，感觉就像换了个人似的，长大了！"一个好的恋爱对象不仅是玩伴，还可以是老师，让你变得更好。

同时，恋爱中的人互为镜像。所谓互为镜像，就是我们在对方身上看到了自己，可能在恋爱中感到对方跟自己很像，比如喜欢吃的东西一样，爱好也一样，等等；也可能在恋爱中看到一个很棒的自己，或是一个很糟糕的自己。有些人谈恋爱时会嫌弃对方，觉得他不够好，有很多缺点，可能他在对方身上看到的问题，恰恰是自己身上存在但不敢承认的缺点。

总的来说，只有对方同时扮演这三种角色，这段恋爱关系才是一段真实的、良好的关系。

你无法好好恋爱，可能是因为四个"不"：不能、不敢、不愿、不会。

"不能"就是自己缺乏跟别人建立关系的能力。我曾经参加过一个情感类节目，其中有一期是帮一对情侣解决问题。男生很喜欢自己的女朋友，但因为家里有人突然生了重病，需要卖房、卖车筹集医药费，他担心耽误女朋友的未来，所以向女朋友提出了分手。他认为这是为女朋友好。

当时我问了他一个问题："如果你女朋友离开了你，你的家人就会马上康复吗？你现在窘迫的经济状况就会变好吗？如果不会，那么你现在这样的处理方式就像在扮演一个孤胆英雄。你看似为了女朋友好，但实际上你把她看成一个累赘，把自己看成一个照顾者，觉得她一切都得依赖你。你现在情况不好了，她也不可能会好。"那个男生听了很受触动。

因此，一个人"不能"好好谈恋爱，往往是因为他把自己看成一个照顾者或供养者，认为对方只有依赖自己才能活，已假定了对方对自己是没有贡献的，表面上为对方好，实际上是自己主动放弃了与对方建立关系。

"不敢"就是我们对建立亲密关系有强烈的恐惧。为什么单恋是最安全的恋爱？因为它不会出现任何现实问题。人一旦进入真正的恋爱关系中，就会面对各式各样的问题。从这个角度来说，"不敢"的原因是我们不想去面对有可能发生的一切。

另外一个原因是我们内心无法认同亲密关系。在父母经常吵架甚至打架的家庭里长大的孩子对亲密关系抱有一种害怕的态度。因为在他的成长过程中，他看到的永远是父母吵架的样子，所以他会认为亲密关系就是这样的，如果他跟别人建立亲密关系后也会变成这样。严重者甚至会产生类似亲密关系的创伤后遗症。

"不愿"是因为有的人觉得自己太好了，好到没有人可以配得上自己。有个女孩曾跟我说过，她不太想跟别人建立恋爱关系，她觉得没必要。她说，别人在情人节只能收到一束花，像她这样不谈恋爱的，在情人节可以收到四束花。

有些当下的年轻人选择不谈恋爱，喜欢一个人待着。有些人不愿意谈恋爱，只是为了反抗父母，这与他们跟原生家庭的冲突没有得到很好的解决有关。父母想让我谈恋爱，我偏不去谈。

"不会"是因为内心存在这种恋爱观：完美的恋爱观。有些人认为只有完美的恋爱关系才值得追求，感觉自己达不到这种状态，所以害怕跟别人发展恋爱关系，怕自己的期待落空。他们通常会给自己设定条件：我一定要成为一个怎样怎样的人，才能够跟别人很好地相处，或和别人谈一场比较好的恋爱。他们的这种自我要求通常非常高，高到接近完美的地步。

总的来说，这四个"不"的产生，都是因为对恋爱的认知有偏差。

发现问题的根源后，我们该怎么做呢？

首先，我们如果想好好谈一次恋爱，就需要对自己的恋爱观念和生活方式重新定义。我们一个人的时候，不需要太过约束自己的行为，但确立恋爱关系后，就意味着我们和对方是合作关系，需要为对方改变一些生活方式，将一个人的生活调整为两个人的生活。

其次，我们既然选择了跟对方开启一段恋爱关系，就要学会信任这段关系，信任对方。有些人会对分离有一种极度的恐慌，不愿意承受分离的痛苦，因而不敢和别人建立亲密关系。他们只要和别人在一起，他们的关注点就会变成："对方会不会离开我？"内心深处无法对对方完全信任。

这种对对方的不信任与自我认知有关。在亲密关系中，你是怎么看待自己的？你是否认为自己是个麻烦或累赘，跟别人在一起就一定会给对方带去不好的体验？但其实你可能在别人眼里就是块宝。因此，你如何看待自己或定义自己是能否跟别人建立亲密关系的关键。

因此，我们如果想开启一段恋爱，需要注意两个问题。

第一是自我接纳问题。恋爱关系也是合作关系，我们要想跟别人合作，首先要学会接纳真实的自己。我们如果无法接纳自己，就只会把自己美好的一面呈现给对方。这既是虚伪的，又是难以长久的。

什么是自我接纳呢？举例来说，有些人失恋了，一直没有办法走出来。当身边出现一个对自己有好感的追求者时，他会跟对方坦白自己目前的状态："我对你有好感，但现在我无法用一个完整的或真实的自己来跟你相处。你可以等我一段时间吗？等我走出来后，我再跟你开始。"这就是一种自我接纳的方式，用真实的状态去跟对方相处，而不是一味地只表现好的方面。

第二是要去思考这段恋爱对于自己来说意味着什么。有些人开始一段恋情，只是单纯因为孤单，想要另一个人填补这种感觉，关注自己。

有些人谈恋爱是为了被拯救。所谓的被拯救就是他们觉得自己在原生家庭里活得很糟糕，感觉自己像陷进泥潭无法走出来，需要一个人把自己带离那样的生活环境。

此外，还有一部分人谈恋爱是渴望被供养。他们希望自己的另一半能在各方面照顾自己，无论是物质上还是精神上。他们自己没办法做到这些，希望通过婚姻来改变自己的人生。

对于以上这三种对恋爱的理解，我们无法去评判孰好孰坏，但有一点可以确定：如果你总是在恋爱关系中美化自己或矮化自己，而不是用真实的状态和对方相处，这段关系就一定会出现问题。

减少过分期待，让亲密关系更牢固

加拿大知名心理治疗师、演说家克里斯多福·孟曾经说过一句话："通往地狱之路，是用期望铺成的。"

我挺赞成这句话。回忆一下，在你的成长过程中，父母对你的期待有没有让你感到受伤？当他们把你和隔壁家的小孩比较，说"你的成绩怎么不如别人，你怎么这么笨"的时候，你很委屈、很难过。可是他们并非故意伤害你，只是对你有很高的期待。只不过，这些期待很多时候是不合理的。

成年后，在亲密关系中，我们很容易对对方产生一些不合理的期待。比如，我希望对方会读心术，我不用说话，他就知道我在想什么；我希望对方是完美无缺的，不会抠鼻屎，也不会上厕所。可是这些只不过是想象而已。亲密关系中的冲突多半来自不合理的期待。

我的一位来访者跟男朋友谈了四年恋爱。在这期间，男朋友一直对她很好，凡事以她为先。有一次，她生病了，对男朋友说：

"如果你在就好了。"结果男朋友偷偷买了一张飞机票飞回来，出现在她的家门口。

这件浪漫的事让她觉得这个男人就是她的真命天子，她这辈子一定要跟他在一起。结婚以后，丈夫的事业发展得越来越好，工作越来越忙碌，她得到的重视不断减少。她非常生气，开始不断指责丈夫。

其实，这是很无奈的事。有句话说得好："我抱着砖，就没办法抱你；我抱着你，就没办法抱砖。"丈夫并非有意忽视她，他必须去忙工作，或者他需要留一部分空间爱他自己。这样的关系冲突主要是不合理的期待在作祟。

为什么期待落空后我们很容易愤怒，并猜疑、责怪对方呢？这是因为我们在成长过程中，内心会存在两种需求：一种是归属的需求，就是"我可以跟你建立关系，我不是孤单的"；另一种是确认自己的重要性的需求，也就是自己是否值得被爱。

这两种需求的强弱和我们小时候与父母的关系有关。如果我们小时候从父母那里得到了足够的归属感，能确认自己是很重要的，在亲密关系中这些需求就不会那么强烈。反之，如果这两种需求无法在小时候得到满足，长大后我们就会在亲密关系中拼命寻找。

我们越是拼命寻找这两种需求的满足，就越容易在期待落空后愤怒，并猜疑、责怪对方。这是因为期待落空更加印证了自己没有归属感、不重要。这种感觉很痛、很无力，我们需要通过一些有力量的行为来隐藏或转移。比如，责怪或愤怒能让人感到自己的力量；而猜疑对方做了什么不好的事情，能把责任推到对方身上，等于寻找到一个借口来合理化自己的行为。这就是有些人会在期待落空后转而猜疑、指责对方的原因。但是，这会导致亲密关系从亲密合作的状态转变为对立的状态。

相爱容易相处难，难就难在我们在相处过程中很容易对另一半产生期待。期待落空很容易使双方产生矛盾，经常进行是非对错的辩论，甚至情绪的发泄，把曾经和我们站在同一方的另一半推到敌对的位置上，形成一种"有你没我，有我没你"的状态。这样的关系当然不是我们想要的亲密关系。

当我们发现自己的亲密关系已经处于敌对的状态时，我们该如何改变这种状态呢？

第一，我们需要接受真实的关系，减少不合理的期待。我们要给自己温柔一刀，让自己从一种妄想或不合理的期待中走出来。很多时候，越是内在缺乏爱的人，越期待对方变成一个完美的男朋友或伴侣。这很好理解。打个比方，当你很穷，很想吃大餐时，你很容易对饭店老板有不合理的期待，比如希望老板能够免费让自己吃一餐，或者给个特别优惠的价格。

如果你总是期待另一半能围着你转，弥补你童年的缺失，成为你的完美的照料者，这就和期待饭店老板让你免费用餐的行为没什么区别。你要学会去接受真实的关系。真实的关系应该是彼此之间有互动、有情感联结、有价值交换的关系。

第二，我们需要把不合理的期待转变成合理的需求。我们要让对方做一些能力范围内的事。比如上文提到的那位女性来访者，她应该学会放弃要求丈夫时时刻刻关注她的不合理期待，向丈夫提出双方都可以接受的合理需求。在我的引导下，她后来跟丈夫商量，希望丈夫每周一两晚或睡前二十分钟能放下所有的事情，跟她说说心里话。丈夫很愿意为这段亲密关系做点儿什么，所以答应了她这个合理的需求。后来他们之间的关系好了很多。

第三，我们要给予对方承诺，回应美好。给予承诺就是我们要跟对方商定，当自己陷入某种情绪时，对方可以进行提醒，收到提醒之后我们会尽量选择另一种方式表达情绪，或换一种方式处理问题。这种承诺可以帮助我们跟对方更好地沟通，不再单纯地发泄情绪。

回应美好就是当我们的一些需求被满足时，我们要向对方表达感激。这是成全对方，也是在承认对方的价值，承认对方是自己生命中重要的人。当你这样做了，对方会有一种归属感，同时会觉得自己是被爱的。

告别消耗式的关系

在亲密关系中，有时我们会感觉这段关系在消耗我们的感情和精神。比如，有的女性为了让自己的另一半更加靠近她想象中的那个人，会时时刻刻盯着对方的行为，找出他的所有缺点，叫他按照要求改变。这有点儿像妈妈陪孩子写作业，她不相信孩子可以自己写完作业，总是在一旁指导孩子，告诉他哪里做错了。这对于双方来说都是一种精神消耗：一方需要时刻留意自己哪里做错了，另一方需要时刻监督对方哪里出错了。

这样的相处模式更适合监狱里的狱警和罪犯，不适合伴侣之间。两个人要想长久走下去，需要相互成全，而不是相互消耗。当我们不断要求对方改变时，我们就站在了对方的对立面。眼前的这个人已经不再是一个独立的人，而是我们的工具，我们的一部分。我们只要觉得对方有我们不认同的地方，就要求他必须改变。

我们要想避免在亲密关系中的消耗，就要识别在什么情况下这段关系已经不再滋养我们，而是开始消耗我们了。

首先，在一段关系里，我们如果感觉不到自己的价值，就会觉得对方在消耗我们的付出。举个例子，妻子辛辛苦苦做好饭，丈夫刚吃一口就说："怎么这么难吃！你有没有用心去做啊？"这一刻辛苦一天的妻子内心会崩溃，因为她觉得自己所做的一切都被丈夫否定了，好像自己对他来说没有任何用处。这也说明了生活琐事为何会成为离婚的主要原因。

其次，如果我们无法再从一段关系里产生获得感，这段关系就会开始消耗我们的热情。没有获得感，就是指我们的需要无法被对方看见，更不会被满足。

有位来访者曾经跟我抱怨过他的妻子："我妻子是个很奇怪的人，不管我做什么，她都不会给我一个积极回应。比如，前段时间我出差时很用心地给她挑选了一份礼物。她收到礼物后说的第一句话是'这份礼物多少钱？看上去这么廉价，肯定是你随手买的'。那一刻我真的很伤心，很受挫。有时我想让她多关心我一点儿，但她只会说'你以为你的工作很了不起吗？我也很忙啊'。"很明显，在这段关系里，这位男士感觉一直都是自己在维护亲密关系，而对方无法在情感上回应自己，满足自己。这种没有获得感的关系会让我们感觉自己的热情不断被消耗。

再次，当我们有一种强烈的束缚感，不断被迫接受对方提供的一些东西，并且这些东西是自己不需要的时，我们就会觉得自己的精神在不断被对方消耗。我有位朋友的妻子是全职家庭主妇，她担心丈夫吃不好，每天中午都会到丈夫所在的公司给丈夫送饭。无论我朋友跟妻子强调了多少次他自己可以解决吃饭问题，妻子都坚持送饭。虽然妻子的行为看上去很令人感动，但对于丈夫来说这是一种精神上的压迫和消耗，因为他不得不接受妻子对他的好，尽管这种好是他不需要的。

当我们意识到自己陷入这种消耗式的关系里时，我们应如何改善这种情况呢？

在说怎么做之前，我希望你能问问自己到底想不想离开对方。你如果想离开，就趁早离开，及时止损。你如果还希望跟对方在一起，就不要再把对方看成你的敌人，因为你不可能和敌人和平相处。

我们之所以会把对方看成敌人，可能是因为我们心中的那个理想客体没有在对方身上实现，也可能是因为我们一直渴望跟对方建立一种共生关系，却遭到对方的拒绝。一位来访者十分依赖自己的丈夫，连换灯泡都要丈夫的帮忙。如果丈夫出于工作或其他方面的原因，没有及时地给予她帮助，她就会非常生气，不断地质问丈夫是不是不爱她了。一个依赖别人的人不允许对方有自己的空间，因为他怕对方离开自己。所以，在调整关系的过程中，我们要思考一下，是不是双方的边界没有分清楚，对方的课题跟自己的课题混在了一起，导致彼此纠缠，彼此消耗。

我们还要记得，任何时候我们都有选择的权利和机会。处在消耗式关系里的我们，经常会有一种患得患失的感觉。有位女士曾在微博上私信我，她说她很痛苦，一方面想要离开丈夫，觉得丈夫没有什么可以给她的东西，另一方面她又离不开丈夫。我问她为什么离不开。她回答我："这么多年了，我已经习惯了他的存在，况且就算离开他，我找的下一个丈夫也不一定比他更好。"这就是我所说的患得患失的感觉。请不要忘记，我们是可以选择的，我们的人生是属于自己的。

如果这段关系让我们感觉到很绝望，没有出路，我们就可以选择改变它或放弃它，不要一直维持这种虚假的表面平衡。我们可以重建自己的亲密关系。当然，这里说的重建不是回到当初那种甜蜜的状态，而是找到一个新的、适合双方的相处模式。

从现在开始，告别你的消耗式关系吧。

家人的爱是接纳、看见和联结

中国有句俗话叫"家和万事兴"。什么是"家和"？"家和"并不是说家里没有任何问题，每个家庭都会有矛盾和冲突，哪怕再亲近的家人都不可避免。"家和"的概念更多是指家人之间可以彼此接纳，彼此看见，愿意建立联结。

很多人都觉得生活就应该平平淡淡，毫无波澜。当他们发现整个家庭处于死气沉沉的状态，家人之间互不搭理，没有欢声笑语，没有争吵时，他们觉得这很正常。但其实一个吵吵闹闹的家庭远比一个毫无波澜的家庭更有生命力。

如果一个家庭表面上看很安静，实际上每个人都沉浸在自己的世界里，我们就要让这个家庭做出一些改变。为了让家庭成员之间的情感能再次流动，为了维持家人之间爱的温度，我们需要接纳、看见、与家人建立联结。

　　在接纳方面，我们可以主动跟别人聊聊自己内心的感受。有位妈妈在微博上给我发私信说，她有一次没控制住自己，打了孩子一下，孩子哭了，她感到特别自责，不知道以后如何面对孩子。我问她："这件事过后，孩子还跟你亲近吗？"她说："还是很亲近，只是我很内疚，过不了自己这一关。"这位妈妈之所以会这么自责，是因为她太想做一个好妈妈了。我跟她说："你的自责源于你认为自己不能打孩子，你想做个完美的妈妈。但没有一个妈妈是完美的，完美到可以隐藏起自己所有的坏脾气或缺点。也许你的孩子能够接受一个真实的妈妈，接受妈妈的不完美。展现给孩子一个真实的妈妈，总比展现给他一个表面上完美的妈妈更好。如果你自己都无法接纳真实的自己，那你和家人之间如何彼此看见，相互建立起良好的情感联结？如果你还是很在意这件事，我建议你跟孩子进行一次谈话，一起聊聊对这件事的看法。"

　　过了几天，她再次找我说："胡老师，我跟孩子谈了这件事后，我们的关系更亲近了。"我问她："你是怎么谈的？"她说，她坦诚地跟孩子说，那天她打他是一时没有控制住情绪，事后觉得很后悔，很心疼，希望孩子能原谅她。孩子听到她的话后很惊讶，他说："这没什么啊，妈妈，你又不是经常打我，而且我知道你一直都很爱我。那天我的确做错了事，让你很生气，所以你才打我的。这些我都知道。"她听孩子这么说，哭了，向孩子保证说："妈妈以后不会再打你了，尽量不再以这样的方式对待你。"孩子走过来抱抱她，说："没事的，妈妈，如果我做错了事情，你打我，我也能理解。"她原本以为孩子会讨厌她，埋怨她，没想到孩子这么懂事，很坦诚地接受了这样一个真实的妈妈。

主动跟别人表达自己内心真实的感受，是一种自我接纳的方法。我们只有接纳真实的自己，承认自己的不完美，才能接纳他人的不完美，这是双方建立联结的开始。

我们除了懂得自我接纳，还要学会看见别人。一个没有被看见的人，会用各种方式让我们看见他。有些恋爱中的女性经常会"作"，其实她们只是想被看见而已。我看到一位网友的分享，他说在餐厅吃饭的时候听到隔壁那桌情侣在吵架。女人怀疑男人出轨，要求他删除手机里所有女性的联系方式。男人从事销售行业，人脉对于他来说很重要，所以他拒绝了女人的要求。争吵到最后，女人让男人选择删除联系方式还是分手。男人觉得女人不可理喻，站起来离开了。这个男人没有看见女人真正的想法。她可能并不是真的让他删除联系方式，她需要的只是他积极的态度，比如诚恳的解释、温柔的安慰等。

在咨询过程中，我经常听到丈夫抱怨妻子特别"作"。通常我会问他们这么一个问题："当你看到妻子这么'作'时，你的第一反应是什么？"回答最多的是"又'作'了，真的烦死了"，然后忍着不舒服去哄妻子。他们没有真正看见妻子"作"的背后是什么。妻子有可能只是想要一句问候，或者一个拥抱，但没有直接表达出来，所以才会"作"。

看见是一种天赋，也是一种能力。它能带给别人温暖：自己没有表达出来的感受被读懂了，自己不再是孤单一人了。看见别人和被别人看见，都是很幸福的事。

我们还需要跟别人建立联结。一个没有联结的人就等于生活在孤岛上，得不到任何帮助和支持。一位咨询者说他在家里经常会被边缘化。比如，在商讨要不要把家里的房子卖掉的时候，父母让他走开，他们两个人商量。他很生气，也很不理解，自己也是家里的一员，凭什么让自己走开，不能一起参与讨论。我跟他说："或许你可以尝试跟父母沟通一下，告诉他们你也想参与讨论，为这个家做些什么。"在下一次的咨询中，他告诉我："我按照您的建议试了一下，跟爸妈说'我不想再被你们忽略了，我也想参与讨论'。他们感到很惊讶。他们原本不想让我被这些琐事打扰，所以才叫我走开，是好意，没想到会带给我一种被排斥的感觉。他们说下次的家庭会议一定会叫我参与。"

由此可见，当我们觉得自己跟别人的联结断开时，我们会觉得自己被排斥了，很绝望，其实这时我们可以通过主动跟别人沟通来产生新的联结。很多人抱怨说："为什么微信里那么多人，就是没人找自己聊天？"我认为，与其等待别人跟自己建立联结，不如主动出击。我们可以主动找朋友聊天，主动约朋友玩。联结的方式有很多种，为什么我们非要选择最被动的那种呢？

过春节的时候，我爸、我、我儿子，祖孙三代会坐在一起打扑克牌，或者一起做些其他事。这就是一种主动联结的方式。平时，我们和家人要相互探望，促进彼此的感情交流，不要只是在手机上问候。

不管怎么说，要想"家和万事兴"，家人之间就要相互接纳、相互看见，并经常进行情感联结。

用仪式感稳固家庭关系

如今，很多人对固定的家族聚会都没有以前那么重视了。不论是因为工作太忙顾不上，还是因为不喜欢这种形式化的聚会，总之，一些传统的家庭仪式开始慢慢从我们的生活中消失。有些人认为这是一件好事，这样每个人都会有更多的选择空间，可以做自己想做的事，不用每到某个特定的时间就要跟家人聚在一起，时间上的安排会更加自由。也有人认为，家庭仪式感很重要，这不只是一种传统风俗的体现，更重要的是可以增强家人之间的凝聚力。比如，过年的时候，北方的家庭会聚在一起包饺子，广东的家庭会在大年夜一起去逛花街。我们在做这些事时，脑子里想的是整个家庭，而不是一个人。

仪式感之所以逐渐消失或不被重视，是因为在很多家庭里，每个人想得更多的是自己的事，没有人肯从整个家庭的角度想事情。这样以至于特别的日子变得不再特别，家人之间的情感没有以前那么深厚了。

在我看来，自由和仪式感之间可以取得平衡，而且家庭的确需要仪式感。我的一位朋友比我虚长几岁，他已经结婚二十五年了。虽然他与妻子已经在一起很久了，但他们依然非常恩爱。朋友们都很羡慕。有一次，我问他："为什么你跟嫂子结婚这么久了，感情还这么甜蜜啊？"他说："我们两个人平时都很忙，没有什么相处的时间。所以，我们两个人一起商讨出三条规定来增加相处的时间。第一，每个星期都空出一个时间段，两个人放下所有的事情，一起好好地待上三个小时。第二，每年都有一次专属于两个人的户外旅行。第三，每个节日或纪念日都要用心准备礼物、用心庆祝，包括传统节日、生日和结婚纪念日。"显然，这些充满仪式感的活动给他们的婚姻带来了非常好的影响。

家庭是需要仪式感的，仪式感可以帮我们创造一些共同回忆。比如，我们去参加家人的婚礼，虽然特意空出时间去参加，对于一些特别忙碌的人来说可能是困扰，但无论过去多少年，我们都会记得这次经历，它会成为我们美好回忆里的一部分。这些美好的回忆可以帮助我们应对家庭中的一些危机。比如，我们跟家人吵架了，彼此闹得很不开心，但只要一谈起这件事，我们的记忆就会被唤醒，彼此之间的矛盾有可能就此消除。

这些共同创造的回忆会带给我们一种很幸福的感觉，当我们面对一些困难的时候，这种幸福感会帮助我们跨越困境。很多男人都不理解女人为什么喜欢去一些美丽的地方拍照，这是因为她们想通过拍照的方式留住这种美好的感觉。

我的一位男性朋友每个月都会帮他女儿拍一张照片，这个习惯一直持续到他女儿现在二十多岁都没有停止。我相信他女儿每次看到那沓厚厚的照片时，感受到的是满满的父爱。当他女儿面临一些人生抉择或重大难关时，这些照片或许还能成为她的精神支柱。

奥地利心理学家阿德勒曾经说过，人生的意义在于为他人做贡献。带给家人美好的回忆、美好的感受正是我们为这段关系做的贡献之一。我常年在外工作，和父母待在一起的时间并不多，每逢父母生日或一些节日，我都会送上一份礼物和一个蛋糕。有时我妈会跟我说："你工作那么忙，不要花费时间在这些事上，只是普通生日而已，我们随便过过就好。"但她每次拿到蛋糕和礼物后都非常高兴，会拍照片给我看，告诉我这个蛋糕很好吃，或者这份礼物很实用。有时候我们一个小小的举动就能给关系中的另一方带去巨大的幸福，让对方知道他很重要，你很惦记他。

此外，仪式感还能带给对方一种独特感。很多女性都会说："我结婚一定要穿婚纱，另一半一定要站在门口迎接我。"她需要一个仪式去证明自己在对方心里是独一无二的。

我奶奶虽然平时总是抱怨爷爷不争气，但每当回忆起他们的蜜月旅行，整个人就会变得开心起来。那时候他们刚刚结婚，爷爷特意带奶奶去了上海。虽然这件事已经过去了几十年，但我奶奶还是记得很清楚，甚至连他们当时去过哪个地方，走过哪条路她都记得。

　　我们的生活就是由一个个美好的片段拼凑而成的。如果一个人每天都在重复同样的生活，那么他的人生将会很枯燥，没有任何闪光点。如果我们愿意花些心思为自己和家人创造仪式感，即便平平无奇的人生也能拥有让我们和家人怀念一生的诸多亮点，不论过去多久，每次想起，我们都会充满幸福。

　　中国人特别喜欢团圆，因为当全家人齐心协力去做一件事情时，我们会有强烈的归属感，而这种归属感是每个人都非常需要的。端午节全家人聚在一起包粽子时，我们可以相互聊聊天，分享一下生活中的趣事。这样的场面带给我们的感受跟平时一个人在家的感受是完全不同的。

　　我们要经常去发掘一些具有仪式感的东西。家庭成员过生日，我们可以给他举行一个庆祝活动，或者在节假日的时候组织一次家庭旅行，或者每周日出来吃个饭、喝个茶，等等。这些细小的举动有助于使家庭成员之间变得更加亲密。